# Investieren in Edelmetalle

*Gold und Silber kaufen zum Vermögensaufbau*

# Inhaltsverzeichnis

## Vorwort

Wie kann ich mein Vermögen absichern und das bei möglichst geringem Risiko? Ist es sinnvoll, Geld in Gold und Silber anzulegen? Oder gar in ein exotisches Edelmetall wie zum Beispiel Palladium? Das sind einige der Fragen, die viele Menschen heutzutage beschäftigen und das völlig zu Recht. Die Zinsen haben ein historisches Tief erreicht und werden zwangsläufig auch weiter stagnieren, ansonsten würden die meisten europäischen Länder in kürzester Zeit zahlungsunfähig werden. Dennoch herrscht eine Realinflation von über zwei Prozent, die das Vermögen der Bürger auf dem Sparbuch und dem Tagesgeldkonto auffrisst. Diese droht auch noch durch die extrem expansive Geldpolitik der Notenbanken in den nächsten Monaten und Jahren anzuziehen.

Dieses Buch soll Sparern, Anlegern und Investoren helfen, ihr Vermögen gegenüber den negativen Realzinsen sowie Wirtschafts- und Politikkrisen abzusichern. Das funktioniert nämlich am besten in Form von Edelmetallen, die schon seit tausenden von Jahren als Zahlungsmittel und Wertspeicher genutzt werden und immer einen gewissen Tauschwert gegenüber Waren und Dienstleistungen innehatten. Dies wird wohl auch in Zukunft so bleiben.

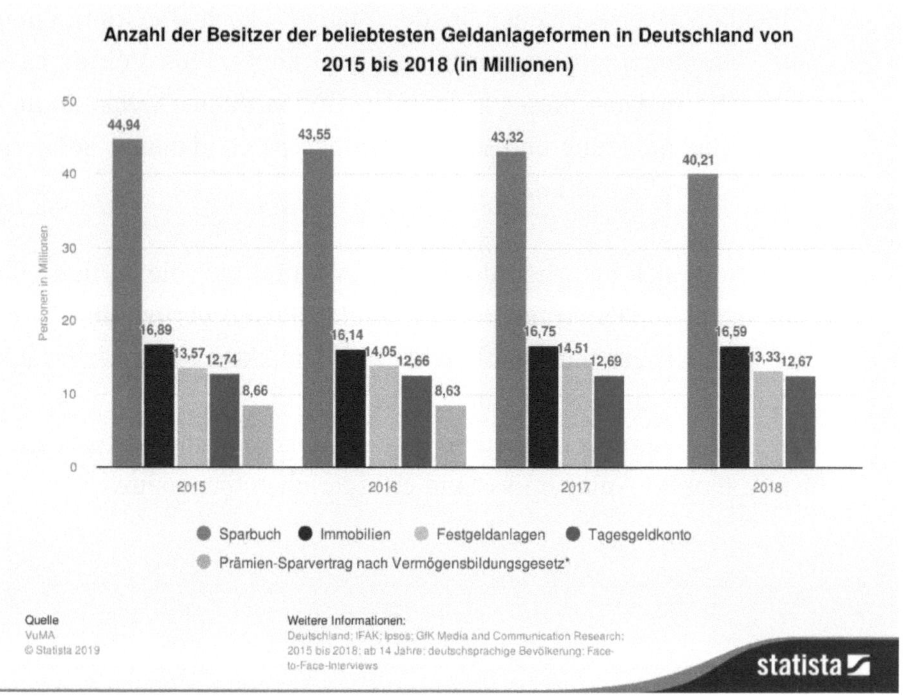


Abb. 1: Die beliebtesten Geldanlagen in Deutschland[1]

Der Grund, weshalb ich mich dafür entschieden habe, ein Buch über dieses Thema zu schreiben, ist diese Statistik. Sie zeigt leider eindeutig die traurige Wahrheit über das ineffiziente Anlageverhalten der Menschen in Deutschland auf.

Sehr beliebt sind vor allem Geldeinlagen (Sparbuch, Tagesgeld, Festgeld, Versicherungen). Diese bringen den Anlegern allerdings nur eine negative Realrendite ein und sind keineswegs so risikofrei wie sie immer wieder in der Öffentlichkeit dargestellt werden.

---

[1] Statista (2020): Abb. 1

Glücklicherweise tauchen in der Statistik auch die Immobilen auf. Allerdings gilt nur ein kleiner Teil hiervon als Vermögenswert. Die meisten dieser Immobilen finden ihren Zwecknämlich in der Eigennutzung und stellen somit keine Geldanlage, sondern eine Verbindlichkeit dar.

Nun stellt sich natürlich die Frage: Wo sind hier die Aktien und Edelmetalle? Der Anteil ist verhältnismäßig so gering, dass er in der Statistik gar nicht auftaucht. Mit der Aktienanlage habe ich mich bereits in anderen Büchern beschäftigt.
Diesmal sind die Edelmetalle an der Reihe und mein klares Ziel ist es, diesem Anlagemissstand erfolgreich entgegenzuwirken.

# Einleitung

In diesem Buch werde ich den Leser Schritt für Schritt durch das Reich von Gold, Silber und Co führen. Angefangen von Vor- und Nachteilen dieser Art der Geldanlage gegenüber anderen, über die Frage, welche Münzen und Barren besonders geeignet sind, bis hin zu den Kaufmöglichkeiten und der richtigen Lagerung. Zum Schluss gehe ich noch auf die, im Hinblick auf die Geldanlage, eher selten genannten Edelmetalle ein.

Wenn im Folgenden vom Begriff „Edelmetalle" die Rede ist, so sind damit Gold und Silber gemeint. Die anderen weißen Edelmetalle Platin, Palladium und auch Rhodium werden am Ende des Buches noch einmal differenziert betrachtet, spielen jedoch zu Beginn eine untergeordnete Rolle.

Mein Ziel ist es, dass sich der Leser am Ende des Buches ein Grundwissen über Edelmetalle aneignen konnte und nun eigene, wohl überlegte Entscheidungen bezüglich der Aufstellung des persönlichen Vermögensportfolios treffen kann.

# 1. Nachteile von Edelmetallen

Ohne jeden Zweifel besitzen Edelmetalle als Investment einige Nachteile. Schließlich gibt es generell keine Geldanlage die, gleich einer eierlegenden Wollmilchsau, nur so von Vorteilen strotzt. Allerdings bedarf es hier einer alternativen Herangehensweise, gewissermaßen einer Verschiebung des Blickwinkels; Nachteile eines Investments müssen keine Probleme sein, vielmehr können sie als notwendige Konsequenzen eines Vorteils aufgefasst werden.

**Gold zahlt keine Zinsen.**
Ein ganz beliebter Spruch, der immer wieder von Goldkritikern als Hauptgrund genannt wird, weshalb von einem Investment in Gold abzusehen ist. Natürlich muss man sich in Zeiten von Null- und Negativzinsen fragen, ob man überhaupt Zinserträge zu vertretbaren Risiken erhalten kann. Die Antwort ist überraschen simpel: Nein. Das spricht auf den ersten Blick dafür, dass dieses Argument mittlerweile überholt sei und keine Gültigkeit mehr besitzt. Der Schein trübt bekanntermaßen meistens und so ist es auch in diesem Fall. Das Argument hat auch heute und in Zukunft noch seine Berechtigung. Dazu muss man es aber richtig anwenden: Gold bringt keinen laufenden Cashflow (Kapitalfluss). Diverse andere Investments außerhalb des Edelmetallbereiches bringen Anlegern einen regelmäßigen Cashflow ein. Eine Investition in Aktien bringt einen Kapitalfluss in Form von Dividenden mit sich, Immobilien sorgen für Mieteinnahmen, Grundstücke führen zu Pachtvergütungen und Zinspapiere wie Anleihen werfen Zinsen ab, wenn auch diese aktuell eher niedrig ausfallen.

Regelmäßig Kapital aus seiner Investition zu erhalten ist definitiv eine super Sache und daher muss das Ausbleiben eines konstanten Kapitalflusses schlichtweg als negativer Punkt einer Anlage in Gold in Kauf genommen werden.


**Edelmetalle haben nur eine magere Rendite.**
Es ist auch nicht von der Hand zu weisen, dass die Performance von Gold- und Silberanlagen nicht zu den größten Gewinnbringern in den vergangenen Jahren zählten. Das wird sich aller Voraussicht nach auch in Zukunft nicht ändern.
Die Wertentwicklung von Immobilien, Grundstücken und allen voran der Aktien, war in der Vergangenheit äußerst positiv. Investiert man einfach nur stupide in den gesamten Aktienmarkt, wie beispielsweise mit einem ETF auf den amerikanischen S&P 500, so kann man mit einer jährlichen Rendite von acht Prozent kalkulieren. Beschäftigt man sich mit direkten Investments in einzelne Aktien, so sind Gewinne im zweistelligen Prozentbereich, meiner Einschätzung nach, keine allzu große Herausforderung.

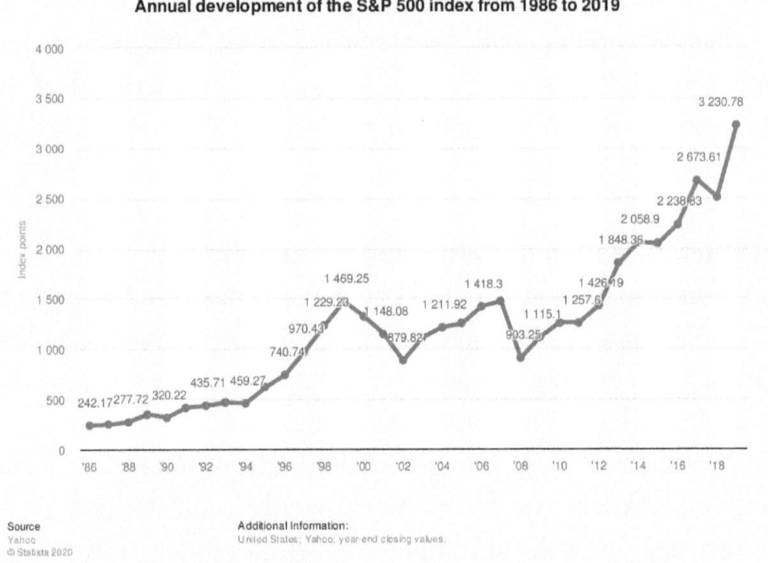


Abb. 2: S&P 500 Performance[2]

Dieser Chart zeigt den Aktienindex S&P 500. Er spiegelt die Wertentwicklung der 500 größten amerikanischen Unternehmen wider, die an der Börse notiert sind. Aus einer Investition von 10.000 € im Jahre 1986 sind bis 2019 satte 133.409 € geworden und das ohne die Einberechnung von Dividenden. Das ist eine Verzinsung von rund zwölf Prozentjährlich auf das eingesetzte Kapital. Aus einer Investition in Gold wären im selben Zeitraum hingegen nur 38.356 € geworden (rund 6 % p.a.). Sicherlich gibt es auch einige kurz- und mittelfristige Zeiträume, die man mehr oder weniger geschickt wählen kann, in denen Gold die Aktienmärkte schlagen kann. Dies sind in der Regel Zeiten, in denen es nicht allzu gut um die Weltwirtschaft steht.

---

[2] Statista (2024) Abb.2

Auf langfristige Sicht geht jedoch die Aktie immer als klarer Sieger aus diesem Vergleich hervor. Dies wird sich aller Vorrausicht nach auch in Zukunft nicht ändern.

Ähnlich entwickeln sich Immobilien und Grundstücke mit rund fünf bis acht Prozent auf langfristige Sicht ganz ordentlich und somit im Regelfall besser als Gold und Silber.

Da muss man sich als Anleger natürlich schon die Frage stellen, wo der Sinn einer Investition in Edelmetalle liegt, wenn doch an anderer Stelle viel mehr zu holen ist. Nun muss man sich vor jeder Geldanlage immer die Frage beantworten, warum man genau in diesem Bereich sein Geld unterbringen möchte. Bei Edelmetallen, zumindest bei Gold und Silber, steht langfristig sicherlich nicht die Erzielung einer möglichst hohen Rendite im Vordergrund. Die Begründung in einem Wort lautet stattdessen: Sicherheit. Man investiert in diese Anlageklasse ganz einfach, um sich gegen eine negative Entwicklung und Schwankungen der anderen Anlageklassen abzusichern und um in Falle einer Katastrophe oder eines Systemzusammenbruchs ein allgemein akzeptiertes Zahlungsmittel zu haben. Auch für kurzfristige Spekulationen werden Edelmetalle ebenso wie andere Rohstoffe eingesetzt, hierbei steht dann tatsächlich der maximale Gewinn im Vordergrund. Das ist aber nicht sonderlich sinnvoll und tendenziell auch nicht das Ziel eines Privatanlegers.

Wir können also festhalten: Edelmetalle werfen nicht die großen Gewinne ab. Der Fokus liegt eben nicht auf möglichst hohen Renditen, sondern auf dem Sicherheitsaspekt.

Es gibt natürlich auch jede Menge Goldfanatiker in der Finanzwelt, die von bedeuten höheren Renditen in Zukunft sprechen, als sie in der Vergangenheit waren.

Klar können die Renditen in Zukunft von Edelmetallen höher sein, als sie dies in der Vergangenheit waren. In der Finanzwelt gibt es kaum absolut fixe Gesetzte, sondern es geht immer um Chance, Risiko und Wahrscheinlichkeit. Dennoch ändert es nichts an der Tatsache, dass Gold langfristig immer eine schlechtere Rendite als Aktien, Grundstücke oder Immobilien abwerfen wird. Technisch bedingt werden sich Anlageklassen, die Eigenkapital in Produktivanlagen investieren immer besser entwickeln als andere.

**Edelmetallbesitz könnte vom Staat verboten werden.**

Ein weiteres Argument, das gegen Gold spricht, ist die Gefahr eines Verbotes von Handel und Besitz. Tatsächlich ist diese Aussage nicht völlig aus der Luft gegriffen. Es gab schon Goldverbote in der Vergangenheit in Deutschland und sogar auch im Vaterland des Kapitalismus, den Vereinigten Staaten von Amerika.

Dies nun ohne Weiteres als eine akute Gefahr, ohne adäquate Einordnung, zu betrachten, wäre nicht stringent. Bringen wir etwas Wirtschaftsgeschichte ins Spiel: Dieses Verbot wurde durch die Einführung des Goldstandards rechtskräftig. In der großen Weltwirtschaftskrise von 1929 begannen die US-Bürger Gold in großen Mengen zu horten oder gar ins Ausland zu schaffen. Die Krise wurde durch das Schreckgespenst Deflation und eine Bankenkrise begleitet. Darauf reagierte die US-Regierung mit einem Verbot von privatem Besitz von Gold. Kleine Mengen bis zu einem Wert von 100 $ durften behalten werden, sowie Schmuck und Sammlermünzen. Die industrielle Nutzung war natürlich weiterhin erlaubt. Der Preis je Feinunze Gold wurde auf 35 USD festgesetzt und der sogenannte Goldstandard war geboren. Die Menge des verfügbaren Geldes musste immer durch entsprechende Menge an Gold durch die Notenbank gedeckt werden, dadurch waren Preisinflationen- und Deflationen faktisch unmöglich. Dieses Verbot wurde 1971 teilweise und 1974 komplett aufgehoben und damit auch der Goldstandard abgeschafft.

Es ist nun wichtig aus diesem kleinen Exkurs mitzunehmen, dass das Verbot von Gold nur deshalb existierte, weil sonst die Einführung des Goldstandards gar nicht möglich gewesen wäre. Die Einführung eines erneuten Goldstandard-Geldsystems ist also die Vorrausetzung für ein erneutes Verbot von Edelmetallen.
Eine erneute Einführung des Goldstandards wird zwar von manchen Wirtschaftsexperten gefordert, dennoch ist es äußerst unwahrscheinlich. Notenbanken müssen unumgänglich in einer schnelllebigen Welt, die geprägt von hohen Staatsschulden ist, in ihrer Geldmengenregulierung reaktionsfähig sein. In einem Goldstandardsystem ist eine variable Geldmengenregulierung de facto unmöglich.
Und welche Partei bzw. welche politische Orientierung sollte dieses rechtfertigen können? Liberale und Konservative, die in der Vergangenheit den Goldstandard eingeführt hatten, wurden im Nachhinein damit konfrontiert, dass er für ein erhebliches Hemmnis des Wirtschaftswachstums gesorgt hat. Soziale oder gar kommunistische Parteien werden ebenso davon absehen

müssen, da eine regelmäßige Geldmengenerhöhung nicht mehr möglich wäre, die jedoch nötig ist, um die vielen Sozialausgaben in einem Sozialstaat stemmen zu können oder um eine Planwirtschaft künstlich am Leben zu halten.

Zum Abschluss muss ich hierzu anführen: Es kann theoretisch alles verboten werden und es gab und wird auch immer wieder absurde Verbote geben, die wider Erwarten in Kraft treten. Es macht dennoch wenig Sinn immer nur in der Angst vor Verboten und Beschränkungen zu leben, sonst kann man das mit der Geldanlage gleichbleiben lassen. (Darüber hinaus führt eine solchen Lebensweise auch sonst eher zu Frust und wenig Freude im Leben.) Die Wahrscheinlichkeit eines erneuten Goldverbotes ist definitiv als gering einzustufen. Und wenn es doch so weit kommt, wird es sicherlich mittels Sammlermünzen oder anderen Edelmetallen einen alternativen Ausweg geben.

## 2. Vorteile von Edelmetallen

Nun genug der Argumente, die man gegen ein Investment in Edelmetalle verwenden kann. Viel wichtiger sind schließlich die Gründe, die generell für Gold, Silber und Co sprechen.

**Edelmetalle sind Sachwerte.**

An dieser Tatsache besteht definitiv kein Zweifel. Vielmehr stellt sich hier die Frage: Was hat man als Anleger davon, wenn eine Geldanlage unter die Kategorie der Sachwerte fällt? Das bringt einen ganz entscheidenden Vorteil mit sich; und zwar die Währungsunabhängigkeit. Ein Sachwert ist ein physischer Gegenstand, der nicht immer greifbar sein muss, wie zum Beispiel Aktien. Wenn in einer Volkswirtschaft alles nach Plan läuft, so haben physische Gegenstände immer einen Preis in Form einer Währung, der am Markt festgelegt wird. Geldwerte wie Anleihen, Zertifikate oder Bargeld besitzen einen zuvor festgelegten Wert innerhalb der Währung. Fällt nun diese Währung, in der man beispielsweise das Bargeld hält, so steht zwar dennoch der gleiche Betrag auf den Scheinen, der Wert und somit die Kaufkraft nimmt aber ab. Kommt es gar zu einem Kollaps der Währung, sind sämtliche Geldwerte der entsprechenden Währung absolut wertlos. Zu einem solchen Horrorszenario kam es leider schon einige Male in der jüngsten Menschheitsgeschichte. Vor allem in Deutschland sind die Bürger im letzten Jahrhundert schon mehrmals Opfer einer Geldentwertung geworden. Es muss natürlich keineswegs heißen, dass sich diese Vergangenheit wiederholen wird. Ich hoffe natürlich, dass sich dies in den kommenden Dekaden anders verhalten wird, jedoch kann man sich allein mit Hoffnung wenig kaufen. Man muss den Tatsachen ins Auge sehen. Selbst wenn es nicht zu einem Währungscrash kommt, so verlieren die Geldwerte jedes Jahr, bedingt durch die Inflation, einen Teil des tatsächlichen Wertes und der entsprechenden Kaufkraft. In einem normalen Wirtschaftsumfeld sind hier mit zwei bis vier Prozent jährlich zu rechnen.

Und hierbei zeigt sich nun die Stärke der währungsunabhängigen Sachwerte. Sie besitzen einen Inflationsschutz. Statt an Wert zu verlieren, steigen sie im Preis, zusammen mit der Inflation an und der Wert und die Kaufkraft bleiben gleich. Völlig unabhängig davon unterliegen Sachwerte dennoch der natürlichen Preisschwankungen, verursacht durch das Spiel aus Angebot und Nachfrage. Von dem festen und scheinbar unumgänglichen Wertzerfall durch die Inflationsrate, sind sie aber ausgenommen.

**Gold und Silber sind immerwährende, gültige Zahlungsmittel.**

Papierwährungen kommen und gehen. Vor allem in Europa litten die Menschen in der Vergangenheit vermehrt unter einem solchen Szenario. Immer wieder wurden Währungen in kurzer Zeit durch massive Inflationen wertlos, wie im vorherigen Absatz geklärt, und waren somit als Zahlungsmittel nicht mehr zu gebrauchen. Aber auch ohne das komplette Zusammenbrechen einer Währung werden einige davon nicht überall als werthaltiger Zahlungsgegenstand akzeptiert. Währungen wie die türkische Lira oder den argentinischen Peso will über die Landesgrenzen hinaus niemand haben. Das ist natürlich verständlich bei solch schwachen Währungen. Es gibt strenggenommen nur zwei Währungen des heute etablierten Papiergeldsystems, mit denen man auf dem internationalen Markt für Warentäusche sehr weit kommt: Der US-Dollar und der Schweizer Franken. Viele Befürworter von Edelmetallen verlieren gerne nur negative Wörter gegenüber sämtlichem Papiergeld. Ich sehe mich persönlich zwar als generellen Befürworter des Besitzes und regelmäßigen Kaufes von Gold und Silber. Deswegen aber den Franken und Dollar auf dieselbe Ebene mit dem restlichen Papiergeld zu stellen, würde diesen harten Währungen nicht gerecht werden und würde schlichtweg auch nicht der Wahrheit entsprechen.

Der US-Dollar ist das älteste Papiergeld und wurde bereits1785 eingeführt. Seitdem gab es keinerlei Währungsreform oder Hyperinflationen in den USA, die die Existenz des Greenbacks[3] ernsthaft gefährdet hätten. Dasselbe gilt für den Schweizer Franken, der im Jahr 1850 eingeführt wurde.

Seit mehr als 100 Jahren werden diese Währungen in sämtlichen Ländern der Welt gerne als Zahlungsmittel angenommen, wenn die heimische Währung mal wieder unter einem Inflationsdruck zu leiden hat. Selbst in den Ländern, in denen die USA scheinbar sehr verhasst sind, wird dennoch der Greenback sehr gerne gesehen.

Für Investoren rund um den Globus haben sich die Gelder aus Amerika und der Alpenrepublik einen Namen als sogenannte „Krisenwährung" gemacht. Gibt es irgendwo auf unserem blauen Planeten eine Krise, welcher Art auch immer, so fließt jede Menge Geld in den Dollar und allen voran den Franken.

Gold und Silber werden hingegen schon seit Anbeginn der Menschheit als Wertaufbewahrungsmittel und Zahlungsgegenstand für Warentäusche genutzt. Sie können also auf eine viel ältere Historie als der Franken und der Dollar zurückblicken. Der

---

[3] Greenback: Kosename des US-Dollar

Status einer Krisenwährung ist somit in erster Linie den Edelmetallen zuzuschreiben. Daher werden diese Metallstücke mit großer Wahrscheinlichkeit auch für den Rest der Menschheitsgeschichte wie in heutiger Funktion dienen.

Es gibt eigentlich immer irgendwo auf der Welt einen aktuellen Krisenherd, in dem ein reger Einsatz von Gold und Silber herrscht. Beste Beispiele sind hierbei Venezuela und Argentinien. Die Währungen beider Staaten unterliegen einer Hyperinflation und das Vertrauen in die heimische Währung ist verloren gegangen. Als Ersatz werden Gold und Silber intensiv genutzt. Aber auch der US-Dollar sollte ebenso nicht verschwiegen werden. Man kann an dieser Stelle natürlich anbringen, dass in Venezuela der Kommunismus die Wirtschaft komplett ruiniert hat und ein solches Szenario in Europa unvorstellbar ist. Die Menschen in Argentinien hingegen leiden schon seit Jahrzenten unter einer instabilen Regierung, die immer wieder neue Hyperinflationen angefacht hat. Auch das scheint kaum vorstellbar in Europa zu sein. Ebenso der erneute Bedarf eines regen Einsatzes von Gold und Silber infolge katastrophaler Zustände nach einem großen Krieg, wie es in Europa und allen voran in Deutschland Ende der 40er, Anfang der 50er Jahre der Fall war, scheint weit hergeholt. Ein (erneutes) Eintreffen werden solcher Szenarien in Europa oder Nordamerika ist, vom aktuellen Standpunkt betrachtet, sehr unwahrscheinlich. Grundsätzlich sollte man auch eine gesunde Portion Optimismus mitbringen und an die Aufrechterhaltung einer friedlichen Politik glauben.
Dennoch haben alle Notsituationen eines gemeinsam: Man kann in jeder Krise, ungeachtet ihrer Größe und Art, mit Gold und

Silber seine Ersparnisse sichern sowie Waren und Dienstleistungen einkaufen.


**Edelmetalle sind liquide.**
Bei Aktien und anderen Wertpapieren wird sehr schnell die hohe Liquidität dieser Anlageklassen als großer Vorteil genannt und das völlig zu Recht. Definitiv sind Wertpapiere die liquideste Investition, die man als Anleger tätigen kann. Zu den Handelszeiten kann man in Sekundenschnelle Wertpapiere zu Cash machen. Mit Immobilien oder außerbörslichen Unternehmensbeteiligungen ist ein schneller Verkauf hingegen ausgeschlossen.

Tatsächlich sind Edelmetalle generell auch als liquide einzustufen. In den meisten Städten Deutschlands gibt es einen oder gar mehrere Edelmetallhändler, bei denen werktags Gold und Co in Bargeld getauscht werden kann. Auch viele Banken bieten einen Ankauf an.
Stuft man nun Edelmetalle als Geldwährung ein, so kann man per Definition sogar von einer hundertprozentigen Liquidität sprechen.
Wenn wir nun aber wieder einen Blick auf die Wahrscheinlichkeit von eintretbaren Szenarien werfen, so muss man sagen, dass es sehr unwahrscheinlich ist, dass Gold und Silber als tatsächliches direktes Tauschmittel im täglichen Leben eingesetzte werden. Es ist viel wahrscheinlicher, dass wenn Sie ihre Edelmetalle gegen Waren oder eben Währung eintauschen wollen, diese bei der Bank, beim Edelmetallhändler oder einem anderen Anleger wechseln müssen. Bei diesem wesentlich wahrscheinlicheren Szenario ist die Liquidität von Edelmetallen natürlich weitaus

geringer als bei Wertpapieren und man muss nicht nur mit Zeit, sondern auch mit hohem Aufwand bzw. Kosten zur Liquidierung rechnen.

Die Einordnung für die Höhe der Liquidität von Edelmetallen liegt im Auge des Betrachters. Die Wahrheit wird wohl irgendwo zwischen den beiden verschiedenen Sichtweisen liegen.


**Edelmetalle haben eine sehr geringe Korrelation zu den ertragreichen Anlageklassen.**
Die Korrelation gibt in der Finanzbranche an wie abhängig verschiedene Finanzanlagen voneinander sind und wie stark sie sich gleichläufig entwickeln. Wenn der Ölpreis fällt, so korrelieren Aktien von Ölunternehmen positiv mit der Entwicklung des Ölpreises. Schließlich werden diese dadurch weniger Geld verdienen und die Aktienkurse entsprechend fallen. Eine Airline hingegen hat eine negative Korrelationsentwicklung gegenüber dem Ölpreis, da bei dessen negativer Entwicklung die Kerosinpreise für den Betrieb der Flugzeuge sinken und die Airline nun mehr Geld verdient.

Ein Korrelationswert von 1 bedeutet, dass sich die Anlageklassen exakt gleichläufig entwickeln. Ein Wert von -1 bedeutet, dass sie sich genau entgegengesetzt entwickeln und ein Wert nahe Null zeigt an, dass sich die jeweiligen Anlagen sehr unabhängig voneinander entwickeln und nur eine leichte Tendenz zu einer positiven bzw. negativen Korrelation haben. Genau dieses Szenario tritt in der klassischen Finanzliteratur auch auf die Korrelation von Gold und Silber gegenüber den anderen großen Anlageklassen Aktien, Immobilien und Anleihen zu. Je nach dem welchen Berechnungen man Glauben schenken mag, haben die Edelmetalle zu den anderen Assetklassen im Durchschnitt eine leicht negative Korrelation (-0,1).

Durch die Aufnahme von Edelmetallen in ein Investment Portfolio, welches bisher nur aus anderen Anlageklassen besteht, können die Schwankungen und das Risiko des gesamten Portfolios erheblich reduziert werden.

Die Erfahrung zeigt sogar steigende Gold- und meist auch Silberpreise bei sinkenden Immobilien- und Aktienwerten. Diese häufig ablaufende Entwicklung ist nur eine logische Folge der Tatsache, dass Edelmetalle als sicherer Hafen in Krisenzeiten gelten, wohingegen die Aktien- und Immobilienmärkte in schweren Zeiten schnell unter Druck geraten.

**Gold und Silber sind ein absolutes No-Brainer-Investment.**
Als No-Brainer werden im Finanzwesen Investitionen bezeichnet, die kein allzu großes Knowhow und allen voran keine intensive und regelmäßige Analyse benötigen. Natürlich sollte man bei keiner einzigen Vermögensanlage sein hart erspartes Geld komplett ohne Vorwissen und völlig ins Blaue hinein investieren. Dennoch benötigen die, in diesem Buch immer wieder thematisierten, anderen Assetklassen von Grund auf eine viel größere Wissensbasis und aktive Analyse, als die langfristige Geldanlage in Edelmetalle. Der Aktienmarkt und der Immobilienmarkt sind global komplett divers. Funktionieren in unterschiedlichen Regionen verschieden und entwickelt sich differenziert. Der Ak-

tienmarkt ist durch seine unzähligen Branchen und Geschäftsmodelle der einzelnen Unternehmen ein extrem komplexes Konstrukt. Für jeden Teilbereich des Aktienmarktes benötigt es zusätzliches Wissen und eine gesonderte Analyse.

Der Markt für Edelmetalle hingegen ist ein einziger globaler Markt ohne regionale Unterschiede. Der Markt ist sehr gut ersichtlich und es findet jeden Handelstag eine neue Preisfindung an den Börsen statt. Bei Immobilen hingegen ist der Markt sehr undurchsichtig und nicht mit einem einzigen Blick. Anleihen, insbesondere Aktien benötigen eine intensive Unternehmensanalyse sowie Grundkenntnisse von Betriebswirtschaft, Volkswirtschaft und spezifisches Branchenwissen. Die große Qual der Wahl kommt natürlich auch noch bei tausenden von potentiellen Wertpapieren und Immobilien hinzu. Im Edelmetallbereich ist die Auswahl sehr eingeschränkt, handelbar an den Börsen gibt es gerade einmal vier Stück: Gold, Silber, Platin und Palladium.

**Edelmetalle lassen sich teilweise anonym handeln.**
Die Gattung der Edelmetalle ist die einzige Geldanlage, in die, zumindest in einem kleinen Maß und auf legale Weise, ein völlig anonymes Investieren möglich ist.
Klären wir zunächst einmal den Begriff „teilweise". Der anonyme Kauf ist nur beim sogenannten „Tafelgeschäft" möglich. Das ist die Definition für die Beschaffung von physischem Edelmetall im Austausch gegen Bargeld bei einem Händler oder einer Bank. Dies ist ab dem Jahr 2020 nur noch bis zu der sogenannten Bargeldobergrenze von 2.000 € möglich. Im Juni 2017 wurde sie bereits von 14.999 € auf 9.999 € reduziert. Das zeigt leider einen klaren Trend. Tafelgeschäfte über der Bargeldgrenze sind zwar

möglich, aber nicht ohne das Vorlegen des Ausweises und dem Ausfüllen eines Formulars. Die Obergrenze für den Kauf kann nicht durch den mehrfachen Gang zum Edelmetallhändler umgangen werden, denn sie bezieht sich, laut Bundesfinanzaufsicht, auf einen Zeitraum von einem Jahr pro Händler. Die Kontrollierbarkeit des maximal einmal jährlichen Gangs zu einem Händler mit einem Gesamtvolumen von bis zu 2.000 € steht allerdings wiederum auf einem ganz anderen Papier.

Online Käufe sind, unabhängig vom Volumen nicht anonym möglich und die meisten Banken bieten für ihre Kunden auch keinerlei anonymen Handel an, da dieser meist nur über das eigene Girokonto möglich ist und nicht durch einen Bargeldtransfer.

Fast alle Finanzexperten und Edelmetallhändler sind sich leider darin einig, dass auch die jetzige Bargeldobergrenze von 2.000 € noch einmal reduziert werden wird, bis der anonyme Kauf am Ende wohl ganz abgeschafft wird.

Interessanterweise hat die FDP bei der Bundesregierung die Anfrage gestellt, wie viele konkrete Geldwäscheverdachtsfälle in Deutschland im Zusammenhang mit Edelmetallgeschäften im Jahr 2019 tatsächlich vorgelegen haben. Das Ergebnis ist verblüffend: Überschaubare 80 Fälle waren es. Ebenso soll durch die Absenkung der Bargeldobergrenze die Finanzierung von Terrorismus verhindert werden. Durch diverse Studien ist aber schon längst belegt, dass Geldwäsche und Terrorfinanzierung nahezu kaum durch Edelmetallhandel betrieben wird. Ob Geldwäsche und Terrorismus eine klare Konsequenz vom Edelmetallhandel und ein triftiges Argument für eine weitere Senkung der Bargeldobergrenze ist, sei dahingestellt. Fakt ist: Wir müssen uns alle damit abfinden und womöglich sogar damit rechnen, dass es in naher Zukunft auch bei Edelmetallen keinerlei anonyme Investitionen mehr in Deutschland geben wird, damit fällt dieser Vorteil weg. Ausgenommen sind natürlich private Transaktionen zwischen einzelnen Anlegern, die Bargeld gegen physische Edelmetalle tauschen. Selbst ein Verbot von solchen Transaktionen wird diesen Weg kaum beeinträchtigen, da es schlichtweg nicht kontrollierbar ist. Viele Anleger scheuen auch diesen Weg, da sie verständlicherweise eine gewisse Sorge haben, dass bei solchen Transaktionen mit fremden Privatpersonen ein hohes Betrugsrisiko besteht.

**Edelmetalle sind ein natürlich limitierter Rohstoff.**
Eine Tatsache, bei der es keine zwei Meinungen gibt. Die Frage ist jedoch: Warum stellen sich Edelmetalle als Finanzanlage interessant dar? Wenn ein Gut streng limitiert ist und nicht vermehrt werden kann, so zeigt uns die Erfahrung, dass langfristig die Preise dafür steigen werden und der Wert mindestens erhalten, wenn nicht sogar vermehrt wird.

Man kann das Thema noch etwas weiterspinnen und die aktuelle Situation der Weltbevölkerung betrachten: Die Bevölkerungszahlen steigen, die Mittelschichten genießen weltweit ein rasantes Wachstum, doch die verfügbare Menge an Edelmetallen bleibt gleich. Es herrscht auf der einen Seite ein gleichbleibendes oder gar sinkendes Angebot durch Verbrauch und auf der anderen eine steigende Nachfrage. Unter diesem Gesichtspunkt können die Preise langfristig gesehen nur steigen.

Zudem habe ich bereits an anderer Stelle des Buches unser bestehendes Giralgeldsystem thematisiert. Zweifelsfrei ist es nicht die Ideallösung und stellt ein perfektes Geldsystem dar. Die Frage ist sowieso, ob es dieses überhaupt gibt. Fakt ist jedenfalls, dass Politik und Wirtschaft in ihrer aktuellen Ausgestaltung auf das Giralgeldsystem angewiesen sind. Die Konsequenz vom Giralgeldsystem ist eine langfristig steigende Geldmenge. Wenn mehr Geldmenge auf ein natürlich begrenztes Gut trifft, so wir der Preis des Gutes in der Giralgeldwährung steigen. Ob der intrinsische Wert des Goldes sich dadurch ändert ist eine völlig andere Diskussion, die sowieso zu keinem klaren Ergebnis führen kann. Fakt ist jedoch, dass das Tauschverhältnis zwischen Giralgeld und Gold sich immer weiter zugunsten von Golde entwickeln wird.

**Steigende Förderkosten treiben zwangsläufig die Preise an.**

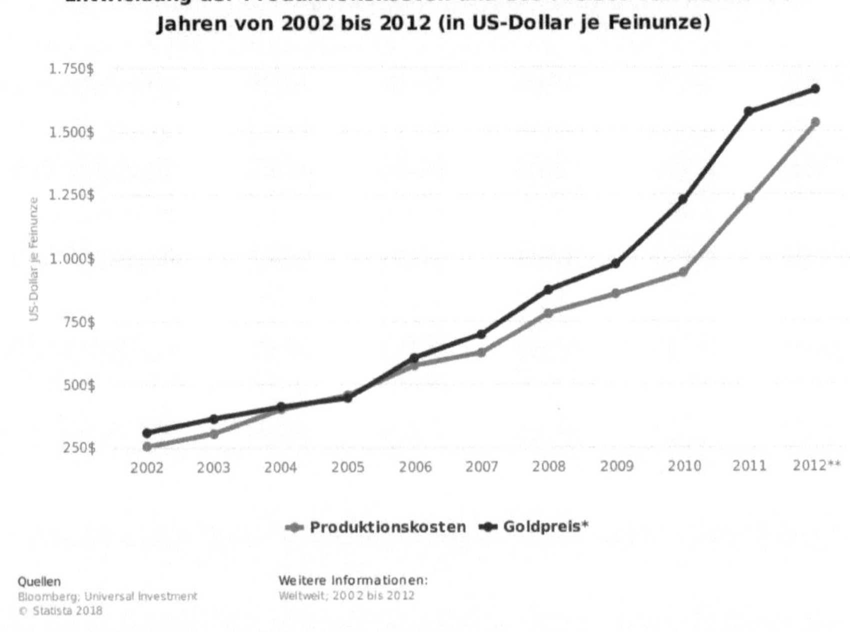


Abb. 3: Produktionskosten Gold[4]

Diese Abbildung zeigt die Entwicklung der Produktionskosten von Gold, die hauptsächlich aus der Förderung bestehen. Im Vergleich dazu ist die Entwicklung des an der Börse gehandelten Preises des Edelmetalls aufgezeichnet.

Grundsätzlich müsste man annehmen, dass die Förderkosten durch erhöhten und effizienteren Maschineneinsatz gar sinken müssten. Das ist grundsätzlich richtig. Dennoch überwiegen die Faktoren, die für steigende Gesamtkosten sorgen. Darunter fallen

---

[4] Statista (2020) Abb. 3

in geringem Maße erhöhte Lohn- und Energiekosten. Der entscheidende große Kostentreiber sind die immer schwerer werdenden Förderungsbedingungen. Die leicht zu erschließenden Goldadern sind schon erschlossen und es wird immer aufwendiger neues Gold abzubauen. Die steigenden Kosten für die Produktion treffen nicht nur auf das hier abgebildete Gold zu, sondern auf alle Edelmetalle.

Der Chart zeigt, dass sich die Produktionskosten unterhalb der Preislinie bewegen und als Unterstützung dafür sorgen, dass diese weiter steigt. Das ist ein ganz normaler und logischer ökonomischer Zusammenhang. Goldminenunternehmen bauen nur dann den begehrten Rohstoff ab, wenn der Preis auch attraktiv genug ist, um einen soliden Gewinn zu erzielen. Droht der Preis unter die Förderkosten zu fallen, so wird sofort weniger produziert bis sich der Goldpreis durch das sinkende Angebot wieder erholt hat.

**Zunehmende Umweltauflagen können zu erheblichen Produktionskürzungen führen.**
Dieser Punkt ist wohl kaum für die Allgemeinheit vom Vorteil. Fakt ist jedenfalls, dass es aus Sicht des langfristig orientierten Goldanlegers als ein Vorteil zu werten ist.

Der Abbau von Edelmetallen hinterlässt einen deutlichen $CO_2$-Fußabdruck sowie erhebliche Eingriffe in die Natur und steht deshalb nicht zu Unrecht im Visier von strengen Umweltauflagen. Besonders in sensiblen Gebieten könnte in Zukunft der Abbau sogar komplett verboten werden, was teilweise auch schon der Fall ist.

Die Konsequenzen von mehr Auflagen oder gar kompletten Verboten des Abbaus sind offensichtlich. Das Produktionsvolumen wird sinken und somit auch das Angebot von Edelmetallen am Markt. Bekanntermaßen sorgt ein sinkendes Angebot eines Gutes für steigende Preise des besagten Gutes.

Dieser Zusammenhang ist allerdings hauptsächlich als ein Vorteil für die Anlage in Gold zu werten. Die anderen Edelmetalle haben einen hohen industriellen Bedarf und können kaum durch andere Materialien ersetzt werden, was Einschränkungen und Abbauverbote größtenteils verhindern dürfte.

**Aus steuerlichen Gesichtspunkten sind Edelmetalle sehr attraktiv.**
Im Detail haben Gold, Silber und die Sonderformen der Edelmetalle (Platin usw.) alle ihre eigenen spezifischen Aspekte in Bezug auf die Besteuerung, die es zu beachten gilt. Eines haben diese aber alle gemeinsam: Die erzielten Gewinne durch Wertsteigerungen sind nach einer Haltefrist von einem Jahr komplett steuerfrei. Kaum zu glauben, dass es heutzutage in Westeuropa noch möglich ist, das etwas von Steuern befreit ist.
Das kommt allerdings daher, dass grundsätzlich allesSachvermögen, das im Sinne des Steuergesetztes als Sachwert deklariert wird, für Privatpersonen nach der Haltefrist vom Finanzamt verschont bleibt. Das betrifft also ebenso Kunstgegenstände, Oldtimer oder edlen Whisky. Im Einzelfall sollte sich aber dennoch jeder Anleger für konkrete Fragen einen Steuerberater suchen, um auf dem aktuellen und korrekten Stand zu sein. Denn eines ist sicher: Es wird in den kommenden Jahren jede Menge steuer-

liche Veränderungen geben, die mit Sicherheit nicht von Vorteil für Anleger sein werden. Von daher ist eine regelmäßige Beobachtung der Entwicklungen im Steuerrecht sicherlich sinnvoll.

# 3. Basiswissen über Münzen und Barren

In diesem Kapitel werde ich kurz die typischen Anlagemünzen und Anlagebarren vorstellen, welche für die allgemeine Anlage als besonders relevant gelten.

## 3.1    Anlagemünzen

Sämtliche Edelmetallmünzen zeichnen sich dadurch aus, dass sie einen aufgeprägten Nennwert haben. Dieser ist in der Landeswährung angegeben, der die jeweilige Münze geprägt wurde und liegt meist deutlich unter dem tatsächlichen Materialwert. Er wird obligatorisch aufgeprägt, da dies die Münze zu einem gültigen Zahlungsmittel macht.

Der tatsächliche Wert wird immer anhand des Gewichts, des aktuellen Börsenkurses und der Prägekosten des Herstellers festgelegt. Seltene und ältere Jahrgänge werden oftmals auch etwas höher gehandelt, aber das spielt bei Anlagemünzen eine eher untergeordnete Rolle.

Das Gewicht wird in Unzen (oz) angegeben. Fast alle Silbermünzen und auch ein Löwenanteil der Goldmünzen haben ein Gewicht von einer Feinunze. Das entspricht einem Gewicht von 31,104 Gramm. Kleiner Stückelungen haben logischerweise höhere Prägekosten und dadurch bekommt man beim Kauf von sehr kleinen Münzen weniger für sein Geld. Größere Stückelungen wie eine Unze haben in der Regel aber dennoch einen höheren Kilopreis, als eine Unze, da diese nicht annähernd so häufig geprägt werden wie die klassische Feinunze. Die typischen Stückelungen von Anlagemünzen sind: ¼ oz, ½ oz, 1 oz, 2 oz, 5oz, 10 oz. Im Bereich der Goldmünzen gibt es noch kleinere Stückelungen: 1/25 oz, 1/20 oz, 1/10 oz.

Münzen, die für den Anlagezweck hergestellt werden, bezeichnet man als sogenannte „Bullionmünzen", aufgrund der sehr hohen Stückzahl, in der sie produziert werden. Im Folgenden stelle ich die wichtigsten und bekanntesten davon vor. Generell ist es sehr zu empfehlen keine zu exotischen Münzen zu erwerben, wenn es nicht aus Sammlerzwecken gewünscht ist. Als Anleger sollte der Fokus auf niedrige Prägekosten und einer weltweit hohen Akzeptanz liegen. Genau um solche Anlagemünzen, die es zudem alle in einer Gold- und Silberausführung gibt, werden in diesem Kapitel behandelt.

# Krügerrand:

**Herkunftsland:** Südafrika

**Ersterscheinung Gold:**1967

**Ersterscheinung Silber:**2018

**Verbreitung und Anerkennung:** Für Einsteiger im Edelmetall-bereich mag es zwar etwas abwegig klingen, dennoch stammt die bekannteste Edelmetallmünze aus Südafrika. Weltweit genießt der Krügerrand höchste Anerkennung und wird auch aktuell in wirtschaftlichen Krisenregionen wie Venezuela oder Argentinien intensiv eingesetzt und dem Papiergeld vorgezogen. Generell hat der Krügerrand die größte Historie im aktiven Einsatz als Zah-lungsmittel und ist daher überall auf der Welt extrem bekannt und genießt zweifelsfrei die höchste Akzeptanz unter allen Mün-zen.

# MapleLeaf:

**Herkunftsland:** Kanada

**Ersterscheinung Gold:**1979

**Ersterscheinung Silber:**1988

**Verbreitung und Anerkennung:** Der MapleLeaf ist in Nordamerika die weitverbreitetste Münze und in Europa der Importschlager Nummer eins. Er gilt als die fälschungssicherste Anlagemünze überhaupt und wird als einzige in allen Varianten (Gold, Silber, Platin, Palladium) hergestellt.

<h1 style="text-align:center"><u>Känguru Nugget:</u></h1>

**Herkunftsland:** Australien
**Ersterscheinung Gold:**1989
**Ersterscheinung Silber:** 2010
**Verbreitung und Anerkennung:** Der Känguru Nugget wird von der australischen Perth Mint produziert und ist die einzige Bullionmünze, die in der Goldversion eine jährlich begrenzte Produktionszahl hat. Für die Feinunze sind das 350.000 in den jüngsten Jahren gewesen. Die tatsächlich produzierte Menge erreichte aber fast nie das zuvor festgesetzte Produktionsmaximum. Die australische Münze genießt in Ozeanien die höchste Anerkennung, ist aber auch stark in Nord- und Südamerika verbreitet. In Europa ziehen Anleger meistens die anderen Bullionmünzen dem australischen Nugget vor.

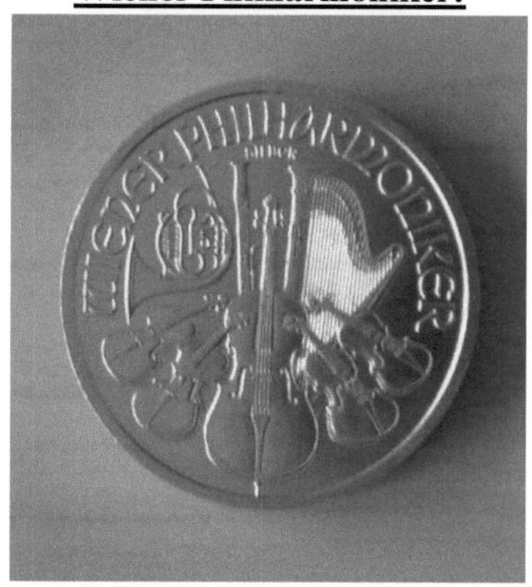

**Herkunftsland:** Österreich

**Ersterscheinung Gold:**1989

**Ersterscheinung Silber:**2008

**Verbreitung und Anerkennung:** Der Wiener Philharmoniker ist die mit Abstand bekannteste und erfolgreichste Anlagemünze in Europa.

Der Philharmoniker genießt aber nicht nur dort eine sehr hohe Anerkennung, es ist die einzige Edelmetallmünze des alten Kontinents, die weltweit von hoher Bedeutung ist.

<h1 style="text-align:center"><u>American Eagle:</u></h1>

**Herkunftsland:** USA

**Ersterscheinung Gold:** 1986

**Ersterscheinung Silber:** 1986

**Verbreitung und Anerkennung:** Der American Eagle wird von der United States Mint geprägt, der ältesten Bundesbehörde in den US-Staaten. Die Münze ist bei Anlegern vor allem deshalb sehr begehrt, weil sie im Durchmesser die größte Bullionmünze ist und weltweit eine sehr hohe Anerkennung genießt. Der Eagle hat einen ähnlich hohen Status wie der Krügerrand. Schließlich kann der American Eagle durch sein Herkunft jederzeit mit der stärksten Volkswirtschaft der Welt im Hintergrund untermauert werden.

<u>**Weitere Anlagemünzen:**</u>

Ein paar weitere Münzen aus dem Anlagebereich, die bei den meisten Händlern in Deutschland zu erwerben sind, möchte ich an dieser Stelle kurz vorstellen. Sie erfreuen sich zwar nicht annähernd an einer so hohen Bekanntheit und Anerkennung wie die vorangegangenen fünf, sollten aber dennoch in einem Buch über Edelmetalle nicht fehlen.

**Britannia (Groß-Britannien):**

Wie der Name der Münze suggeriert, handelt es sich hierbei um die Edelmetallmünze Groß-Britanniens. Sie hat verhältnismäßig hohe Prägekosten und wird daher immer mit einem Aufschlag gegenüber den meisten anderen Bullionmünzen gehandelt. Natürlich ist durch das Commonwealth die Britannia weltweit bekannt und anerkannt. Muss sich aber meist deutlich hinter den anderen lokalen und international verbreiteten Münzen einreihen. Wer allerdings außer dem Wiener Philharmoniker noch eine weitere europäische Münze sein Eigen nennen möchte, ist mit dem Britannia, ob in Gold oder Silber, sicherlich nicht schlecht beraten.

**Libertad (Mexiko):**

Es ist die bekannteste Münze aus dem lateinamerikanischen Raum: Der mexikanische Libertad. Allerdings werden auch dort dem Libertad meistens der Krügerrand oder der American Eagle vorgezogen. International ist die Verbreitung der mexikanischen Edelmetallmünze als sehr gering einzustufen. Wer bereits die eine oder andere Investition in Edelmetalle getätigt hat, kann sich jederzeit den Libertad als exotische Beimischung mit ins Portfolio legen. Für Einsteiger ist Mexikos Münze allerdings eher ungeeignet.


**Somalia Elefant (Somalia):**
Der Somalia Elefant ist die zweite bekannte Münze, nach dem Krügerrand, die aus Afrika stammt. Die Münze hat in jedem Jahrgang ein anderes Elefantenmotiv aufgeprägt. Dadurch ist jeder Jahrgang einzigartig. Grundsätzlich handelt es sich beim Somalia Elefant zwar um eine Anlagemünze, dennoch ist sie wegen des jährlich wechselnden Designs bei Sammlern sehr beliebt. Ältere Jahrgänge werden daher mit Aufschlägen von bis zu 30 Prozent gehandelt. Es ist also die ideale Münze, um die Geldanlage und die Sammelleidenschaft miteinander zu verknüpfen. Allerdings genießt die somalische Münze nur auf dem afrikanischen und europäischen Kontinent eine nennenswerte Anerkennung.


**Arche Noah (Armenien):**
Die Arche Noah ist die Nummer drei der europäischen Anlagemünzen. Erhältlich ist die armenische Münze in Gold und Silber und sie zeichnet sich durch einen relativ günstigen Preis aus. Entsprechend wird sie sehr gerne von Edelmetallhändlern den Kunden angeboten. Der niedrige Preis wird allerdings durch die relativ schlechte Prägequalität verursacht. Des Weiteren genießt die Münze außerhalb Europas nur eine sehr geringe Anerkennung und sollte daher keinen zentralen Bestandteil des physischen Edelmetallportfolios darstellen

**Call oft the Wild (Kanada):**

Bei der Call oft he Wild-Serie handelt es sich um eine Sonderreihe des Maple Leaf, welche nur in Gold erhältlich ist und ein jährlich wechselndes Motiv hat. Dabei handelt es sich jedes Jahr um ein anderes Tier, welches in Kanadas Flora und Fauna heimisch ist. Darunter beispielsweise der Elch, Braunbär oder Rotluchs. Ähnlich wie der Somalia Elefant eignen sich Call oft the Wild Münzen sehr gut als Kombination zwischen Anlage- und Sammlermünze. Die Kosten sind wegen der niedrigen Stückzahl und der sehr hohen Prägequalität hoch. Die internationale Anerkennung ist ähnlich hoch wie beim klassischen MapleLeaf. Für Anleger, die eine besonders schöne Münze ihr Eigen nennen wollen, ist diese Münze bestens geeignet.

**American Buffalo (USA):** Auch die Amerikaner haben noch eine zweite Serie an Goldmünzen, die im Anlagebereich angesiedelt ist. In Silber ist der American Buffalo, der von einem Büffel und einem Indianer geziert wird, nicht erhältlich. Der Preis ist meist ziemlich gleich dem klassischen American Eagle und daher eignet sich der Buffalo durchaus auch zur effektiven Goldanlage. Allerdrings ist die Anerkennung als Zahlungsmittel und die Bekanntheit außerhalb Nordamerikas relativ gering.

**Panda (China):** Der chinesische Panda ist die bekannteste und meistgeprägte Anlagemünze des asiatischen Kontinents. Sie ist nicht in der Einheit Unze erhältlich wie die anderen Anlagemünzen. Statt in einer Feinunze wird sie in Gramm 30g Einheiten geprägt. Sicherlich ist sie auch deshalb bei Sammlern sehr beliebt. Als Edelmetallmünze für die Geldanlage ist der Panda allerdings nur bedingt geeignet. Zum einen liegt das an seiner eigenartigen Stückelung und zum anderen an der geringen Anerkennung außerhalb des asiatischen Raumes.

**Lunar Serie (Australien):** Auch aus Australien gibt es eine Edelmetallmünze, die eine Mischung aus Anlage- und Sammlermünze darstellt. Auch hier entschied sich die Prägestätte für jährlich wechselnde Tiermotive. Allerdings handelt es sich hierbei nicht etwa um australische Tiere, sondern um die Tiere des chinesischen Kalenders. Die Lunar ist zwar offiziell eine Anlagemünze, aber wegen der hohen Prägekosten und der eher geringen weltweiten Anerkennung de facto eine Sammlermünze.

**Goldvreneli (Schweiz):** Der Goldvreneli ist wie der Name schon vermuten lässt nur in Gold erhältlich. Es gibt in zwei verschiedenen Ausführungen mit den Nennwerten von 10 und 20 Schweizer Franken.

Der Begriff Goldvreneli, auch wenn das der richtige Name ist, wird eigentlich von kaum jemandem vom Fach verwendet. Vielmehr ist er unter dem Begriff Schweizer Vreneli oder einfach nur Vreneli bekannt. Die Münze wurde von 1897-1949 geprägt und ist somit heute nicht mehr als neue Münze erhältlich. Trotz des hohen Alters und der speziellen Ausführungen gilt der Vreneli dennoch nicht als Sammlermünze und ist weiterhin den Anlagemünzen zuzuordnen. Er ist zusammen mit der Britannia die international bekannteste Münze aus Europa.

## 3.2 Anlagebarren

Bei den Anlagebarren gibt es, bedingt durch ihre unterschiedliche Herstellung, grundsätzlich zwei verschiedene Varianten. Der geprägte Barren wird wie eine Münze hergestellt. Das heißt, dass von einem Rohling eine Scheibe abgeschnitten wird, auf die dann das Markenzeichen des Herstellers eingestanzt wird. Dadurch besitzen diese Barren eine sehr hohe Abbildungsgenauigkeit und schärfere Kanten.

Beim gegossenen Barren wird das flüssige Metall in eine Form (in der Regel aus Sand) gegossen, die das gewünschte Muster abbildet und die entsprechende Größe hat. Diese Barren besitzen eine etwas geringere Abbildungsgenauigkeit und haben abgerundete Kanten.

Im Einkauf kosten die beiden Varianten meistens genau dasselbe bezogen auf den Kilopreis.


Der **Münzbarren** ist eine Sondervariante. Barren haben in der Regel keinen aufgeprägten Nennwert wie vergleichsweise eine Münze. Der Münzbarren hingegen schon und ist somit wie die Edelmetallmünze ein anerkanntes Zahlungsmittel. Von daher sind tendenziell Münzbarren den normalen Barren vorzuziehen, wenn gegebenenfalls eine Entscheidung zwischen diesen beiden Varianten nötig ist.


Der **Kombibarren** oder auch **Münztafel** genannt, ist die letzte Variante im Bereich der physischen Edelmetallanlage. Dieser ist grundsätzlich für den absoluten Krisenfall gedacht. Man kann sich diesen wie eine Schokoladentafel vorstellen, von der man bei Bedarf ein Stückchen Gold bzw. Silber abbrechen kann um damit Waren oder Dienstleistungen zu bezahlen. Die einzelnen

Stücke einer solchen Tafel gibt es bis zu 0,5 Gramm Einheiten. Das sorgt allerdings auch dafür, dass die Produktionskosten erheblich höher sind, als bei den normalen Barren oder Münzen. Man sollte also nur eine sehr geringe Menge als absolute Krisenreserve in Kombibarren investieren. Erforderlich sind diese aber sicherlich nicht in der eigenen Anlage und können auch außen vorgelassen werden.

Bei Anlagebarren spielt die Verbreitung und die Anerkennung eine eher untergeordnete Rolle, im Vergleich zu den Münzen. Der Sinn ist hierbei weniger der Einsatz als Zahlungsmittel. Viel mehr dienen sie dazu, große Wertmengen in möglichst kompakter und physischer Form zu speichern. Die Stückelung reicht von einem Gramm bis zu 15 Kilogramm. Hierbei gilt: Je größer der Barren, desto mehr Gold bzw. Silber bekommt der Investor für sein Geld. Barren der Größe 100g und 500g in Gold sowie 500g und 1000g in Silber bieten in finanzierbarer Größe ein sehr gutes Preis-Leistungsverhältnis. Diese Größen werden sehr häufig verkauft und haben deshalb, trotz des geringen Gewichts, relativ geringe Produktionskosten.

# 4. Gold

Gold ist im wahrsten Sinne des Wortes „die Mutter aller Edelmetalle". Spricht jemand von Edelmetallen, so denken die meisten zunächst an Gold, bevor sie einen Gedanken über mögliche Alternativen verlieren. Das ist auch nicht verwunderlich. Die Menschen sind schon seit Jahrtausenden von dem edlen Glanz und der unfassbaren hohen Dichte dieses seltenen Metalls begeistert. Würde man aus dem ganzen bekannten Gold der Erde einen Würfel formen, so hätte dieser gerade einmal eine Kantenlänge von 20 Metern. Die Seltenheit ist also nicht nur gefühlt, sondern echt.

## 4.1    Die Besonderheiten von Gold

**<u>Verwendung:</u>** Das verfügbare Gold wird zu circa 80 Prozent zu Anlagezwecken genutzt. Der Rest entfällt auf Schmuck und die industrielle Nutzung. Im Umkehrschluss bedeutet dies schlichtweg, dass die wirtschaftliche Entwicklung und die daraus resultierenden Nachfrage für industrielle Nutzung für den Goldpreis kaum Relevanz besitzt. Entscheidend ist hier die Nachfrage aus dem Bereich der Geldanlage, die vor allem aus dem Krisen- und Inflationsschutz der Privatanleger, dem Realzinsniveau und dem Marktverhalten der Notenbanken resultiert.

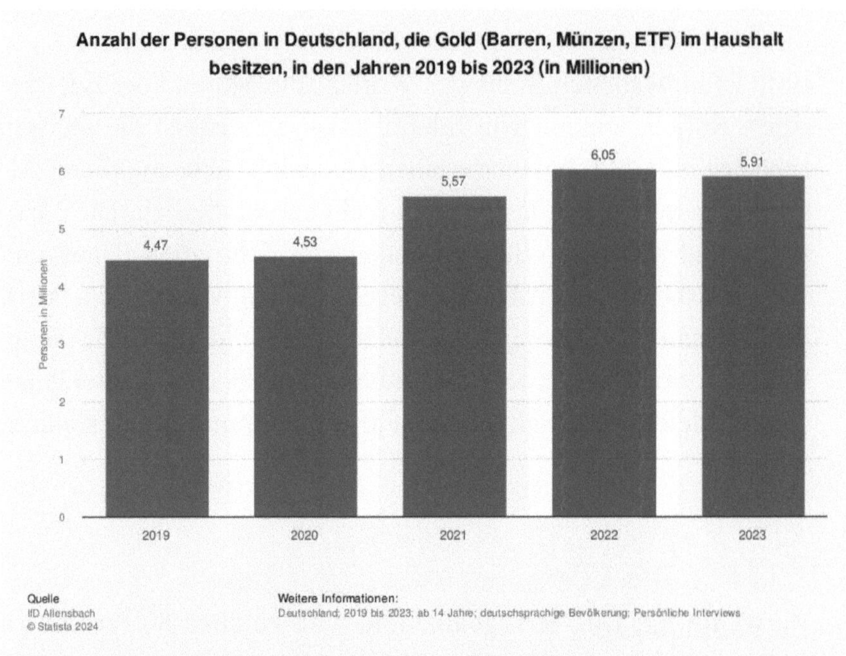

Abb. 4: Anzahl der Goldbesitzer in Deutschland[5]

Im vergangenen Jahr gab es in Deutschland knapp 5,91 Millionen Haushalte, die sich als stolze Besitzer von Gold in physischer Form und/oder ETFs fühlen durften. Das sind immerhin rund zehn Prozent aller Haushalte, die somit ein langfristiges Investment in Gold anstreben. Das erfreuliche daran ist aber sicherlich nicht der aktuelle Stand, sondern vielmehr die positive Entwicklung. Hier zeichnet sich eine klare Tendenz nach oben ab. Der Großteil der Anleger wird sich sicherlich durch die Niedrigzinspolitik der vergangenen Jahre und die erhöhte geopolitische Unsicherheit zu dieser Tat gezwungen fühlen. Wobei man hierbei auch erwähnen sollte, dass in den vergangenen zwei

---

[5] Statista (2024): Abb. 4

Jahrzehnten auch in den wirtschaftlich guten und politisch stabilen Jahren die Anzahl der Goldbesitzer gestiegen ist. Jedoch hat dieser Effekt auch damit zu tun, dass nicht alle Anleger sofort im Jahre 2008 auf die Lehman-Pleite und die folgende Weltwirtschaftskrise mit massiven Goldkäufen reagiert haben, sondern sich verständlicher Weise zunächst informiert, um vorschnelle Entscheidungen zu vermeiden. Dasselbe trifft natürlich auf die nachfolgende Eurokrise 2010/2011 sowie die Corona-Krise 2020 und die geopolitischen Krisenherden 2022 ff.

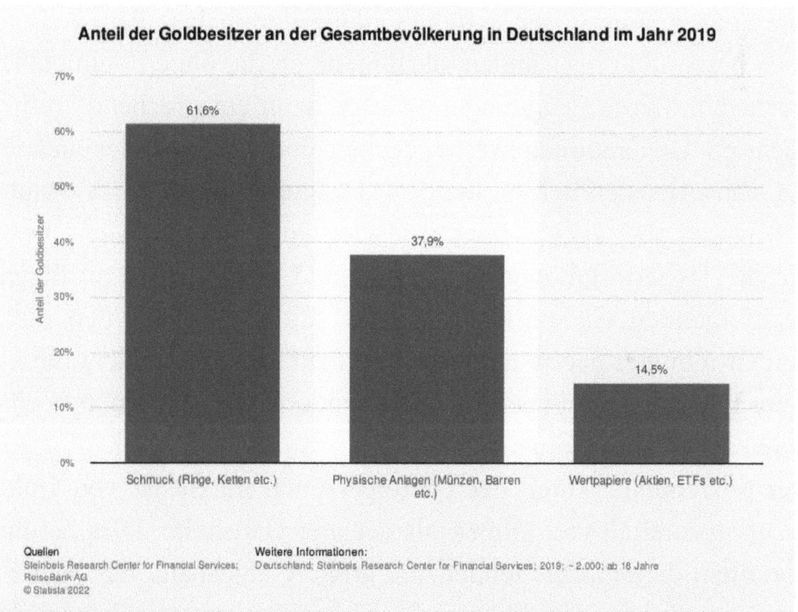


Abb. 5: Anteil der Goldbesitzer an der Gesamtbevölkerung in Deutschland[6]

---

[6] Statista (2022) Abb. 5

Entwicklungspotential ist aber dennoch jede Menge vorhanden beim Blick auf die einzelnen Personen in Deutschland aus welchem Grund diese Edelmetalle besitzen. Tatsächlich sind deutlich mehr als die Hälfte der Bürger im Besitz von Gold. Jedoch leider nur in der Konsum- und Spaßfunktion von Schmuck. Aber dennoch sind fast 38 % in physischer Form und 14,5 % in Papierform sehr viele Bundesbürger aktiv in Gold investiert. Deutschland wird international schon immer als ein Land der Goldliebhaber bezeichnet. Das hat auch seine guten Gründe. Währungsreformen, Hyperinflation und verlorene Kriege haben ihre Spuren hinterlassen und die Goldbesitzer haben diese Krisen eben besser durchgestanden, als diejenigen die ohne Edelmetalle dastanden. Diese Erfahrungen wurden dann entsprechend an die nächsten Generationen weitergegeben und der ein oder andere hat sich offensichtlich an den Rat der älteren gehalten. Vermutlich wurde aber auch schlichtweg viel Gold von den Menschen, die die Hyperinflationen in Deutschland erlebt haben an deren nachfolgenden Generationen vererbt. Einen Vreneli, den man von Großmutter geerbt hat verhökert man schließlich nicht direkt beim nächsten Edelmetallhändler, sondern wird ab jenem Zeitpunkt selbst zum Goldanleger.

Der prozentuale Anteil der Einzelpersonen im Besitz von Gold ist offensichtlich viel größer, als der, der Haushalte. Dies beruht vor allem darauf, dass tendenziell größere Haushalte mit mehreren Generationen ein höheres Sicherheitsbewusstsein haben als ein Einpersonenhaushalt. Und wenn ein Haushalt mit beispielsweise vier Personen im Besitz des glänzenden Edelmetalls ist, so hat meist jedes Haushaltsmitglied etwas davon. Liegt mit auch daran, dass in unserer Gesellschaft leider sehr selten über Geld und persönliche Finanzen gesprochen wird. Aber wenn, dann eben nur im eigenen Haushalt und daher ist dort auch oft ein Konsens zu finden wie das hart ersparte Geld in etwa angelegt werden sollte.

Völlig unabhängig von diesen Entwicklungen ist es aber durchaus sinnvoll in Edelmetalle zu investieren, wenn man mal den Blick auf die Handlungen der großen Notenbanken dieser Welt lenkt. Folgender Chart zeigt die Aktivitäten der Europäischen Zentralbank in Bezug auf den Kauf von Gold.

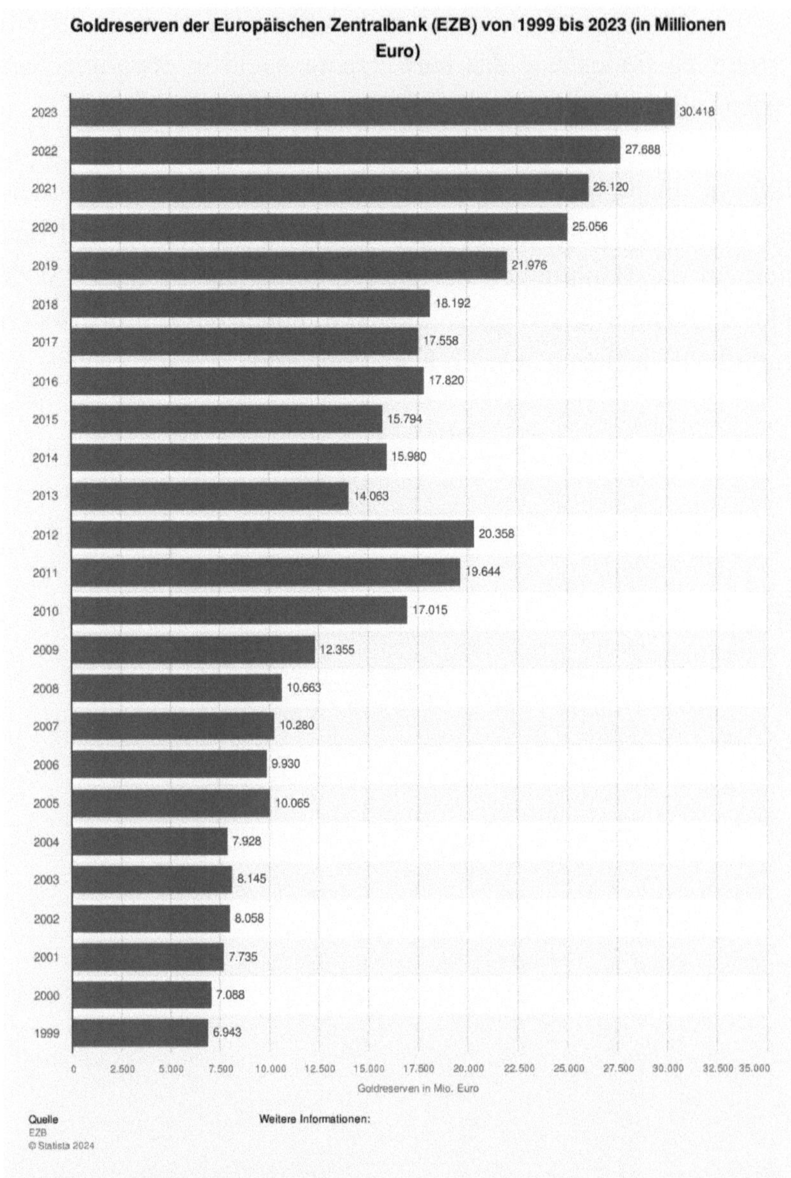


Abb. 6: EZB Goldreserven[7]

---

[7] Statista (2024) Abb. 6

Nicht nur Privatanleger kaufen Gold. Nein, auch die größten und wichtigsten Finanzinstitutionen der Welt nutzen Gold als Krisenvorsorge und Währungsabsicherung, auch ohne die Existenz eines Goldstandards. Wie sich aus Abbildung 6 entnehmen lässt, stockt die Europäische Zentralbank mehr und mehr die eigenen Goldreserven auf. Diese verwendet die Notenbank gezielt, um im Krisenfall durch den Verkauf von Gold gegen Euro, den Wert des Euros zu stabilisieren. Erwarten die europäischen Währungshüter etwa den Bedarf einer extremen Stützung des Eurokurses? Diese Frage kann wohl kaum jemand mit Sicherheit beantworten. Schließlich wäre es komplett kontraproduktiv, wenn die EZB sich öffentlich darüber äußern würde. Wenn die Zentralbank den Eindruck schafft, dass sie selbst ihrer eignen Währung nicht vertraut, dann werden sofort alle Wirtschaftssubjekte das Vertrauen in den Euro verlieren und die EZB hat dann selbst das heraufbeschworen, was sie eigentlich verhindern möchte. Man kann also schlichtweg nur darüber spekulieren wieso und weshalb die EZB sie Goldreserven so massiv aufgestockt hat die letzten Jahre. Fakt ist jedenfalls, dass die Goldreserven erhöht werden und das ist kein rein europäisches Phänomen.

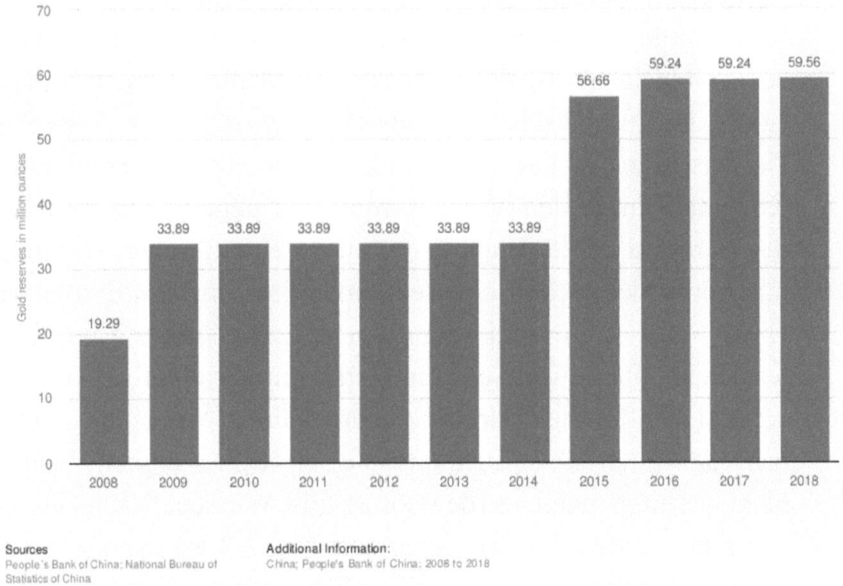


Abb. 7: Chinas Goldreserven[8]

Auch die mittlerweile große Wirtschaftsmacht China stockt regelmäßig ihre physischen Goldreserven auf. In allen anderen großen Industrienationen sieht die Lage auch nicht anders aus. Ebenso die amerikanische Notenbank und auch viele osteuropäische Notenbanken stocken seit Jahren ihre Goldreserven auf. Keine einzige Notenbank in den ökonomisch bedeutenden Staaten hat die Goldreserven nennenswert reduziert in den vergangenen 30 Jahren.

---

[8]  Statista (2020): Abb. 7

Es wird immer wieder in der Finanzbranche gemunkelt, dass genau deshalb von den Notenbanken der Preis künstlich niedrig gehalten wird, dass diese ihre eigenen Reserven zu günstigeren Preisen aufstocken können. Ob und in wie weit dies der Wahrheit entspricht, kann und möchte ich gar nicht beurteilen. Es macht mehr Sinn sich auf das zu konzentrieren was man mit Sicherheit sagen kann, um dann die logischen Schlüsse daraus zu ziehen. Und das ist nun einmal die Tatsache, dass weltweit Staaten und Notenbanken die Reserven an Gold sukzessive erhöhen und das langfristig einen positiven Effekt auf die Goldpreisentwicklung bzw. Nachfrage haben muss. Manipulationsspekulationen hin oder her.

**Steuer:** Bei kaum einem Thema unterscheiden sich die Länder dieser Welt so stark wie bei den Steuer- und Abgabegesetzen. Es gibt Staaten mit realen Steuerbelastungen von 50 Prozent oder gar noch höher in West- und Nordeuropa bis hin zu Steueroasen wie Saudi-Arabien, in denen es de facto keinerlei Steuerbelastung gibt. Doch in einem Punkt sind sich alle einig (zumindest bis zum heutigen Tage: Physisches Gold muss steuer- und zollfrei sein.

In Deutschland sind bei allen Edelmetallen auch Gewinne im Falle eines positiven Verkaufserlöses nach einer Haltedauer von mindestens einem Jahr steuerfrei. Dies gilt übrigens für alle physischen Gegenstände im Privatbesitz. Also auch Whisky, Oldtimer oder Kunst. Daher erfreuen sich diese speziellen Anlageklassen sicherlich nicht nur aus Interesse an der Sache steigender Beliebtheit in den vergangenen Jahren.

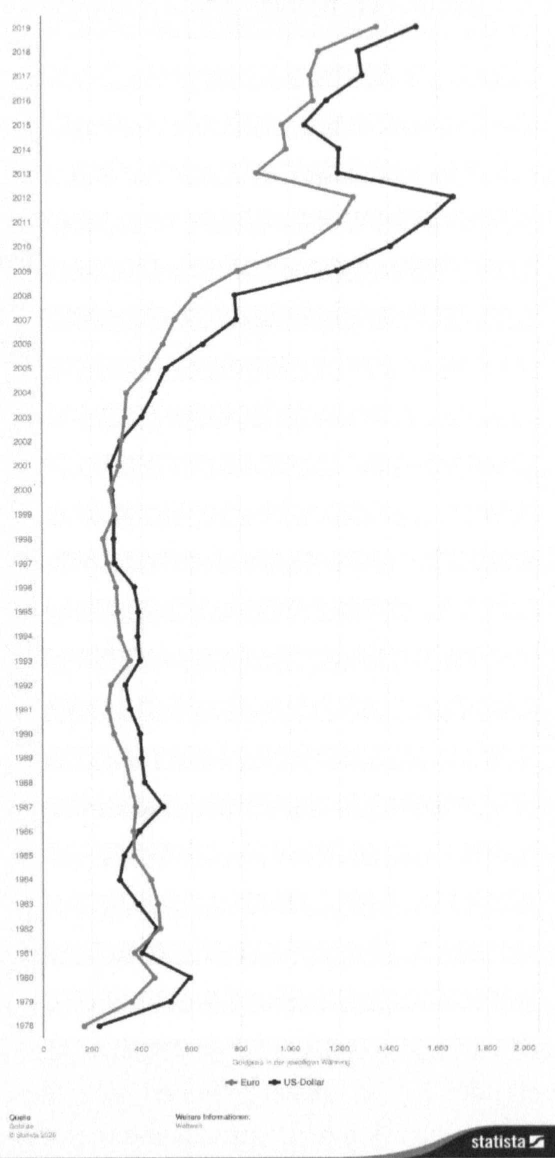


Abb. 8: Goldpreisentwicklung (Papiergold)[9]

---

[9] Statista (2020): Abb. 8

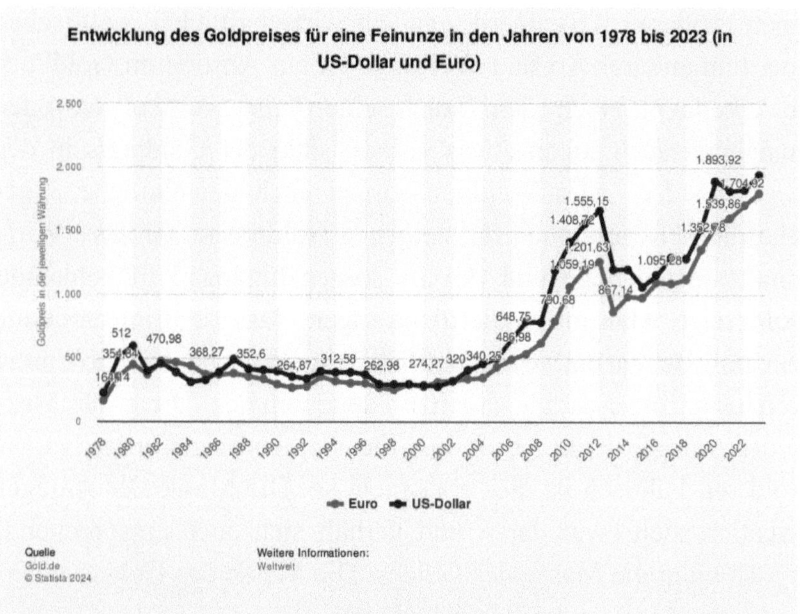


Abb. 9: Goldpreisentwicklung 1978-2023[10]

Die Charts zeigen bereits, dass die Entwicklung des Goldpreises auf lange Sicht nur eine Richtung kennt: Nach oben, und das unabhängig davon, in welcher Währung man den Verlauf des Goldkurses betrachtet. Der Goldpreis, wie im Kapitel über die allgemeinen Vorteile von Edelmetallen erläutert, wird durch die begrenzte Menge und die steigenden Förderungskosten nach oben getrieben. Zudem kommt der wichtige Faktor hinzu, dass in die Zyklen von negativen Realzinsen länger dauern, als die von positiven.

Betrachtet man den Goldpreiskurs über kurzfristigere Zeiträume, gibt es weitere Faktoren, die diesen beeinflussen. Der bekannteste dürfte der Krisenschutz sein. Gibt es irgendwo auf der Welt

---

[10] Statista (2024): Abb. 9

einen größeren Krisenherd, egal ob wirtschaftlicher, politischer oder humanitärer Art und Weise, so ist ein Anstieg im Goldkurs zu erkennen. Nach dem solch eine Krise vorüber ist oder manchmal auch schon etwas vorher, sinkt der Goldpreis in der Regel wieder. Des Weiteren sorgen auch gewöhnliche, wirtschaftliche Rezessionen für steigende Goldpreise. Größere Wirtschaftsaufschwünge und Booms sorgen hingegen für sinkende Goldpreise. Man muss allerdings sagen, dass der Einflussfaktor von politischen und wirtschaftlichen Krisen auf den Goldpreis weitaus geringer ist, als allgemein angenommen. Die große Masse der Anleger denkt sogar, dass dies der zentrale Kurstreiber für Gold sei. Faktisch ist dies aber nicht so. Die Masse der Anleger orientiert sich zwar daran und verhält sich auch entsprechend, jedoch nicht die Masse des Geldes. Die Masse des Geldes orientiert sich vor allem am Realzinsniveau.

Schlussendlich ist der US-Dollar der zweitwichtigste Faktor. Gold wird wie jeder andere Rohstoff auch in US-Dollar gehandelt. Das sorgt dafür, dass ein schwächer werdender Dollar automatisch zu einem steigenden Goldpreis führt. Umgekehrt gilt natürlich derselbe Zusammenhang.

Die industrielle Nachfrage nach Gold hat kaum Einfluss auf die Preisentwicklung, da diese sowieso ein sehr niedriges Niveau hat. Zudem ist Gold in vielen industriellen Anwendungen durch andere Metalle teilweise substituierbar, was dazu führt dass die industrielle Nachfrage extrem reaktiv auf Preisentwicklungen angepasst wird

Der alles entscheidende Faktor für die langfristige Goldpreisentwicklung ist das Realzinsniveau. Der Realzins ergibt sich, wenn man die aktuelle Verbraucherpreisinflation vom Leitzins der Notenbank abzieht. Natürlich hat jeder Währungsraum seinen eigenen Leitzins, seine eigene Inflationsrate und somit auch einen individuellen Realzins. Entscheidend für den Goldpreis ist der Realzins in der USA. Zweifelsfrei ist der Dollarraum der dominante Raum in der Weltwirtschaft und auch, wenn ständig von dessen Abgesang gesprochen wird, stattgefunden hat er nach wie vor nicht. Zudem ist es sowieso so, dass sich Realzinsen in den wichtigen Wirtschaften dieser Welt im Regelfall ähnlich entwickeln. Dadurch könnte man auch ein in etwa homogenes internationales Realzinsniveau unterstellen, was letztlich dazu führt, dass der Goldpreis maßgeblich durch das globale Realzinsniveau gesteuert wird.

Realzinsen die negative oder bei nahe Null liegen sorgen für einen steigenden Goldpreis. Positive Realzinsen hingegen üben einen Preisdruck auf Gold aus. Zinszyklen laufen in der Regel mehrere Jahre. Auf einige Jahre negativen Realzins folgen einige Monate mit positivem Realzins. Anschließend folgt wieder eine Phase mit negativen Realzinsen usw. Dies lässt sich auch deutlich an der Entwicklung des Goldpreises erkennen, der sich an den Realzinszyklen orientiert.

Im Übrigen ist der Zusammenhang zwischen Goldpreisentwicklung und Realzinsniveau der einzige, bei dem es einen klaren Konsens unter Wirtschafts- und Finanzexperten gibt. Ich meine damit, aber nur diejenigen Experten, die einen akademischen Hintergrund in Wirtschaftswissenschaften vorweisen können und zudem praktische Erfahrungen am Finanzmarkt haben. Bei allen anderen Faktoren, die den Goldpreis beeinflussen oder genauer gesagt beeinflussen könnten, ist die Sachlage schlichtweg nicht klar. Es ist einleuchtend, dass Krisen und geopolitische Schocks zu einem steigenden Goldpreis führen. Die Empirie wiederlegt diesen scheinbar völlig logischen Zusammenhang jedoch regelmäßig.

Grundsätzlich sollten Anleger bezüglich des Preises von Edelmetallen über die Unterschiede zwischen dem physischen Preis und dem Papiergoldpreis Bescheid wissen. Langfristig entwickeln sich beide Preise erfahrungsgemäß nahezu identisch. Kurzfristig kann es aber immer wieder zu starken Abweichungen kommen, die vor allem in extremen Marktphasen auftreten. Bestes Beispiel ist hierfür die Corona-Krise im Jahr 2020. Der an der Börse gehandelte Preis für Gold ging um deutlich mehr als zehn Prozent nach unten. So brechen in einem allgemeinen Börsencrash zu Beginn immer alle Anlageklassen stark ein, egal ob Aktien, Anleihen, Immobilien oder Edelmetalle. In diesen extremen Phasen wird von Anlegern, allen voran von institutionellen, einfach alles verkauft. Oftmals hängt das mit regulatorischen Auflagen zusammen, an die sich Versicherungen und Banken halten müssen, was sie dazu treibt in Krisen Assets zu verkaufen, um die notwendige Liquidität zu schaffen.
Der Preis für physisches Gold und Silber ging während der Coronakrise hingegen nicht zurück wie der Papiergoldpreis. Er stieg sogar. Genauso wie man es eben auch von einem Gut erwartet, dass oft mit dem Adjektiv „krisensicher" in Verbindung gebracht wird. Der große Preisunterschied entstand aus dem ganz einfachen Grund, weil am physischen Markt ein völlig anderes Verhältnis von Angebot und Nachfrage herrschte. Es gab sogar einen deutlichen Nachfrageüberhang und die Händler mussten

sogar teilweise die Onlineshops schließen, weil sie keine Ware mehr hatten. Aus diesem Zusammenhang kann der Privatanleger lernen, dass es wichtig ist, sich bereits vor einer Krise mit der Versicherung Gold zu versorgen. Denn dann, wenn man es braucht und die Preise nach oben schießen, kann es oftmals schwer sein überhaupt welches zu bekommen.

Hier ist genau das eingetreten, was man in der Regel auch als Erstes vermutet: In einer Krise flüchten die Anleger extrem schnell in den sicheren Hafen namens: Gold, genauer physisches Gold.
Diese Preisdifferenzen zwischen dem physischen Preis und dem Papiergoldpreis gleicht sich aber in aller Regel bereits nach wenigen Wochen wieder aus und ist nur eine kurzfristige und rein markttechnische Reaktion.

Der innere Wert von Gold, also nicht der Preis in irgendeiner staatlichen Währung gerechnet, sondern der tatsächliche Gegenwert an Waren und Dienstleistungen, konnte in der Vergangenheit eine unglaublich hohe Stabilität aufweisen. Abgesehen von ein paar kurz- mittelfristigen Schwankungen, konnte man sich - egal ob 1950, 1810 oder 2019 - für eine Feinunze Gold einen maßgeschneiderten Anzug kaufen. Oder ein weiteres Bestiel für die Autofans unter den Lesern: Für ein Kilo Gold bekommt man im Regelfall zu jeder Zeit ein gut ausgestattetes Neufahrzeug der Mittelklasse. Bei diesem Vergleich gehen natürlich die historischen Daten nicht so weit zurück wie beim maßgeschneiderten Anzug.

Das heißt also, für uns als Privatanleger eignet sich die Anlage in Gold vor allem zur Wertspeicherung und -sicherung, und das durch jede Krise und jeden Boom hindurch.

Erläutern wir Gold als Krisenakteur etwas genauer: Je verehrender die Krise ist, desto mehr profitiert der Wert in Giralgeld gemessen des Goldes davon. Der innere Wert von Gold bleibt faktisch aber immer konstant. Was passiert aber mit dem Wert von sämtlichen Gütern und Dienstleistungen in einer tiefen Rezession oder gar Depression? Genau, sie verlieren an Wert und dies kann sogar ein exorbitantes Ausmaß annehmen. In der Phase kurz nach dem Zweiten Weltkrieg zum Beispiel konnte man sich für 1,5 Unzen Gold ein ganzes Einfamilienhaus kaufen. Im Jahr 2019 bräuchte man dafür rund 200 Feinunzen. Das liegt etwa nicht daran, dass Gold in der direkten Nachkriegszeit ein Vielfaches an Wert dazugewann. Es besaß denselben inneren Wert wie heute und wohl auch morgen. Nur die Immobilien sowie nahezu alle anderen Güter waren in dieser schweren Zeit nur noch sehr wenig Wert zumal es auch schlichtweg überhaupt nicht genug Giralgeld gegeben hat, um hohe Preise für solche Vermögenswerte in Giralgeld gemessen zu erzielen.

## 4.2 Goldmünzen und Barren

**<u>Goldbarren:</u>**

Goldbarren gibt es in so ziemlich jeder Stückelung, von einem Gramm angefangen bis hin zu 15 Kilogramm. Barren, die kleiner als 50 g sind, erfüllen allerdings eher weniger den Sinn einer Geldanlage. Sie werden tendenziell als Geschenke für besondere Anlässe wie Hochzeiten oder religiöse Festivitäten wie Firmung oder Konfirmation eingesetzt. Die sehr kleinen Stückelungen haben das Problem, dass die Prägekosten so hoch sind, dass ein Barren in der Größe von einem Gramm meistens doppelt so viel wie der reine Materialpreis kostet. Und das eigentliche Ziel von Goldbarren ist schließlich die Speicherung von möglichst viel Wert in möglichst kompakter Form. Sehr kleine Goldbarrenstückelungen sind da natürlich kontraproduktiv.

Der typische Barren für die Goldanlage bringt 100 g auf die Waage. Dieser wird sehr häufig geprägt und ist für die meisten Privatanleger noch erschwinglich (knapp 7.500 € Stand 08/2024). Die nächstgrößeren Barren mit 250 g und 500 g haben oftmals kaum oder gar keinen geringeren Kilogrammpreis, da diese viel seltener geprägt bzw. gegossen werden. Bei den großen Barren von mehr als einem Kilogramm hingegen sinkt der Preis je Kilo Gold dann schon deutlich ab und daher sind sie äußerst gut geeignet, um sehr große Mengen an Geld zu speichern, aber natürlich aufgrund der hohen Investitionssumme nicht für jeden Privatanleger umsetzbar.

**<u>Krügerrand:</u>**

Im Bereich der Goldmünzen ist der südafrikanische Krügerrand die absolute Nummer eins auf dem Weltmarkt. Mehr als die

Hälfte aller im Umlauf befindlichen Goldmünzen sind von der Sorte Krügerrand. Die Goldversion zeichnet sich dadurch aus, dass eine Unze nicht nur eine Feinunze Gold enthält, sondern noch knapp drei Gramm Kupfer.

Gold ist ein sehr weiches Metall und kann daher sehr leicht beschädigt werden, wenn es tatsächlich als reges Zahlungsmittel eingesetzt wird. Im schlimmsten Fall können sogar Kleinstpartikel des wertvollen Goldes durch Abrieb verloren gehen. Beim Krügerrand hat in der Vergangenheit der rege Einsatz schon des Öfteren stattgefunden. Deshalb hat der Hersteller sich zur Zugabe von Kupfer entschieden. Dadurch erhält die Münze einen viel höheren Härtegrad und ist somit vor einem Wertverlust durch Beschädigungen sehr gut geschützt. Und nicht nur das: Auch die Farbe ändert sich dadurch, weshalb der Krügerrand seither einen rötlichen Schimmer durch das Kupfer hat.

In den aktuell durch Hyperinflation krisengeplagten Regionen Venezuela, Argentinien und Türkei wird der Krügerrand als Zahlungsmittel lieber gesehen, als alles andere.

**<u>Wiener Philharmoniker:</u>**
In Europa ist der Philharmoniker im Goldbereich die klare Nummer zwei hinter dem Krügerrand. In einigen Jahrgängen der 90er lief er diesem jedoch den Rang ab und war die meistverkaufte Goldmünze der Welt. Zudem enthält er nur Gold im höchstmöglichen Feinheitsgrad und hat dadurch einen schönen goldenen Glanz, ist aber auch entsprechend sensibel gegenüber Beschädigungen.

**American Eagle:**

Der American Eagle ist ebenso wie der Krügerrand keine reine Feingoldmünze und wird viel in den inflationsgeplagten Regionen Süd- und Mittelamerikas eingesetzt. Er besteht aus einer 22 Karat Gold-Kupfer-Silber Legierung und ist dadurch absolut einzigartig. Dies dient natürlich wieder zum Schutz vor Beschädigungen und macht den Eagle zur robustesten Goldmünze im Anlagebereich. Optisch erhält er dadurch ebenso eine einzigartige goldene Farbe, die nur den Hauch eines rötlichen Schimmers enthält.

In der Preisbildung ist der American Eagle in der Regel die teuerste Anlagemünze. Dies ist vor allem auf die höheren Prägekosten durch den zusätzlichen Silberanteil zurückzuführen. Im Wiederverkauf erhält man diesen Zuschlag gegenüber den anderen Goldmünzen natürlich wieder zurück.

**MapleLeaf:**

Keine Goldmünze glänzt so wunderschön wie der MapleLeaf, da er nur aus reinstem Feingold besteht und eine extrem hohe Prägequalität vorzuweisen hat. Der große Vorteil dieser Goldmünze ist unter Anderem die hohe Anerkennung weltweit, ähnlich wie beim Krügerrand. Egal ob Europa, Australien, Amerika oder Afrika; die kanadische Münze erfreut sich überall an großer Popularität.

**Känguru Nugget:**

Die Besonderheit des goldenen Känguru Nuggets ist das wechselnde Design. Bei den vorangegangen Anlagemünzen wird jedes Jahr dasselbe Motiv geprägt. Der Nugget erhält hingegen jedes Jahr ein anderes Känguru Motiv und hat somit bei auch bei Sammlern einen hohen Stellenwert.

Die aktuellen Prägejahre sind bei den Edelmetallhändlern oftmals die preiswertesten Goldmünzen. Bekanntermaßen sind die Prägekosten der Australier verhältnismäßig niedrig. Ältere Jahrgänge besitzen durch das wechselnde Motiv auch einen Sammlerwert und werden deshalb meist einige Prozentpunkte höher gehandelt, als die aktuellen Jahrgänge.

In Europa ist der australische Nugget in der Gold-Variante allerdings weniger verbreitet. In den anderen Gebieten unserer Erde ist er jedoch sehr bekannt und anerkannt.


**<u>Goldvreneli:</u>**

Wie bereits erwähnt gibt es den schweizer Vreneli nur in einer Goldausgabe zu erwerben. Wie auch der American Eagle und der Krügerrand enthält die Schweizer Münze einen Anteil Kupfer. Und zwar von sage und schreibe 10 %. Heißt im Umkehrschluss man bekommt also nur eine zu 90 % reine Goldmünze. Ist das schlecht? In vielen Fällen tatsächlich. Eine Grundregel für alle Münzen gilt schließlich: Je reiner, desto besser. Schließlich ist das im Falle einer Einschmelzung ein klarer Vorteil und sichert einen höheren Wert beim Wiederverkauf.

Im Falle des Vreneli kann man als Anleger aber problemlos über diesen kleinen Makel hinwegsehen. Zugegebenermaßen zählt er zu meinen persönlichen Favoriten unter den Goldmünzen und das nicht völlig ohne Grund. Die Schweiz ist seit jeher ein sicherer Hort für Finanzen und der Vreneli ist eben die Goldmünze aus diesem Land. Das schafft noch mehr Vertrauen der Finanzmärkte und der breiten Anlegermasse in diese Münze, als in andere. Zudem war der Vreneli beim Goldverbot in den USA von diesem Verbot explizit ausgenommen. Durch seine bereits eingestellte Produktion (1897-1949) galt er als historische Münze und durfte daher behalten werden. Das wird wahrscheinlich auch in Zukunft bei einem ähnlichen Szenario so sein zumal der Vreneli mittlerweile noch älter ist und sein Wert aus historischer Sicht entsprechend noch bedeutender ist. Generell ist der Goldvreneli mittlerweile fast mehr eine Sammlermünze, als eine Anlegermünze und häufig Teil von Vererbungen und bleibt über mehrere Generationen hinweg in derselben Familie.

Noch eine weitere Besonderheit ist definitiv erwähnenswert. Der Goldvreneli hat in beiden seiner Stückelungen (20 und 10 Schweizer Franken) eine eigene Börsennotierung. Das ist absolut einmalig unter allen existierenden Anlagemünzen. Natürlich hängt die Entwicklung schon stark an der einen Unze Gold Notierung in USD. Allerdings lässt sich in der Vergangenheit vor allem bei sehr schnellen Abwärtsbewegungen des Goldpreises eine erstaunliche Resilienz des Vrenelis erkennen. Langfristig wies er in den vergangenen Jahren eine geringere Volatilität und sogar eine leicht bessere Performance auf als die Goldpreisnotierung in der Feinunze.

Aufgrund der kleinen Stückelung sollte der Vreneli auch für jedermann erwerbbar sein. Es sei denn man bekommt ihn nicht mangels Verfügbarkeit. Schließlich wird er nicht mehr produziert und ist meist daher nur bei Edelmetallhändlern zu bekommen, die auch einen regen Ankauf von Münzen vornehmen und somit diese eben auch wieder weiterverkaufen können. Die große 20 Franken Stückelung hat ein Feingewicht von 5,81 Gramm. Nimmt man noch das Kupfer mit hinzu so wiegt die Münze gerade einmal 6,45 g und ist somit wesentlich kleiner als die weitverbreitete Standardstückelung von einer Feinunze. Für den kleinen Bruder mit dem Nennwert von 10 Franken liegen die Werte bei 2,903 und 3,226 Gramm.

Tendenziell empfehle ich, wenn Sie sich für den Kauf eines Goldvrenelis entscheiden, die große 20er Variante zu bevorzugen. Diese ist im August 2024 für rund 430 € zu bekommen. Also in etwa vergleichbar mit der ¼ Oz-Variante der zuvor erwähnten Münzen.

# 5. Silber

Silber wird im Volksmund immer wieder als „Gold des kleinen Mannes" bezeichnet. Das kommt wohl daher, dass der Preis für Silber bedeutend niedriger ist und die verfügbare Menge einfach größer ist. Viele Einsteiger im Bereich der Edelmetalle beginnen damit, sich zuerst einmal ein paar Silbermünzen zu kaufen. Diese eignen sich definitiv äußerst gut als Einstieg. Schließlich bekommt man aktuell für rund 33 € (August 2024) schon eine Feinunze Silber.

## 5.1    Die Besonderheiten von Silber

**Verwendung:** Im Vergleich zu Gold wird Silber weitaus weniger als reines Objekt der Geldanlage genutzt. Es handelt sich hier sogar um den kleineren Teil von rund einem Drittel. Der Löwenanteil des Silbervorkommens hingegen wird für Schmuck und vor allem industrielle Zwecke nachgefragt. Das Entscheidende hierbei ist vor allem in welchen industriellen Bereichen Silber eingesetzt wird und wie sich diese Zukunft entwickeln werden.

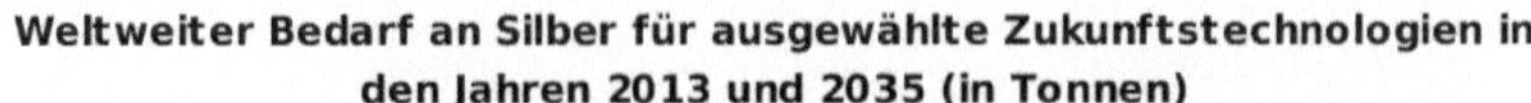



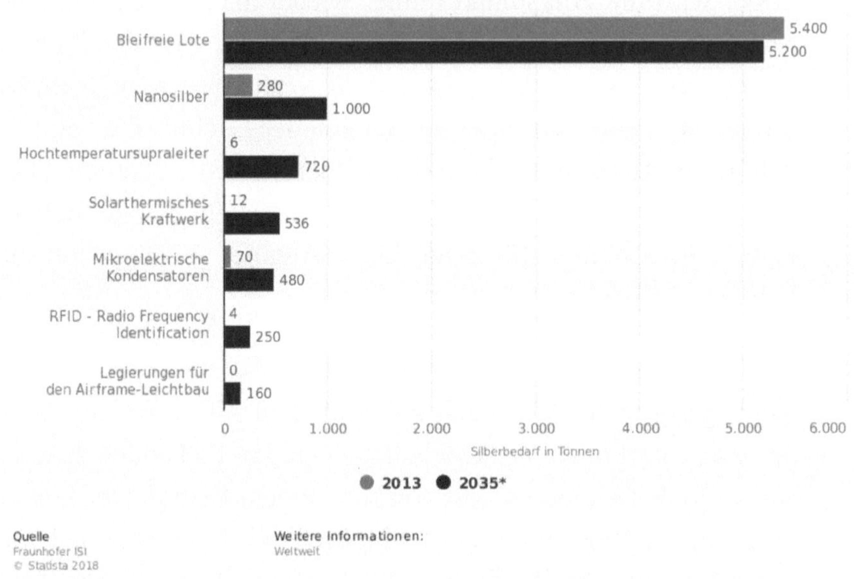



Abb. 10: Industrielle Verwendung von Silber in Zukunftstechnologien[11]

Der Chart zeigt es uns eindeutig: Silber ist ein Edelmetall, welches sich definitiv an einem höheren industriellen Bedarf in den nächsten Jahren erfreuen darf. Insbesondere für die weltweit stark wachsenden erneuerbaren Energien ist Silber ein essentieller und viel genutzter Rohstoff. Das Nachfragepotential ist für die kommenden Jahre grundsätzlich gesichert.

**Steuer:** Silber genießt leider nicht dieselbe attraktive Besteuerung wie Gold, zumindest in Deutschland. In einigen anderen

---

[11] Statista (2020): Abb. 10

Ländern jedoch wird die Besteuerung von Silber vom Finanzamt bzw. dem Zoll ebenso gehandhabt wie bei Gold. Auch gilt beim Silberverkauf, wie auch beim Verkauf von Gold, dass nach einer Haltedauer von mindestens einem Jahr keinerlei Steuern anfallen.

Nur beim Einkauf von Silber fallen für den Privatanleger Steuerkosten an. Silber muss logischerweise importiert werden, da es in Deutschland diesen Rohstoff nicht gibt. Auf diese Importkosten sowie die Händlermarge der Bank oder des Edelmetallhändlers werden 19 Prozent Mehrwertsteuer fällig. Das wird als die sogenannte Differenzbesteuerung bezeichnet und bedeutet im Endeffekt für den Privatanleger, dass beim Kauf von Silbermünzen mit einem Steuersatz von etwa sieben Prozent auf den Kaufpreis zu rechnen ist. Heißt also im Umkehrschluss, dass der Silberpreis erstmal um rund zehn Prozentpunkte, sieben für die Steuer und rund drei für die Differenz zwischen An- und Verkaufspreis, steigen muss, damit die Silberanlage eine Gewinnzone erreicht. Langfristig sollte das allerdings keine allzu große Herausforderung sein. Diese Differenzbesteuerung betrifft aber nur Silbermünzen und Münzbarren, also Barren, die einen aufgeprägten Nennwert haben.

Für normale Silberbarren gilt hingegen die gleiche Besteuerung wie für alle anderen Rohstoffe auch. Das heißt 19 Prozent MwSt. werden beim Kauf für den Privatanleger fällig. Es gilt also beim Kauf von Silber in physischer Form darauf zu achten, dass es sich um Münzen oder Münzbarren handelt.

So war die Regelung zumindest bis 2022. Leider wurde hier mal wieder eine versteckte Steuererhöhung der Regierung durchgeführt und es fällt nun auf sämtliches Silber 19 % MwSt. an. Also auch auf Silbermünzen und Münzbarren. Die zuvor erläuterte

Sonderregelung der Differenzbesteuerung ist leider nicht mehr gültig und wurde dem Wähler als sogenannten Bürokratieabbau verkauft, um die negative Wahrheit einer Steuererhöhung nicht aussprechen zu müssen.

## **Preisentwicklung:**

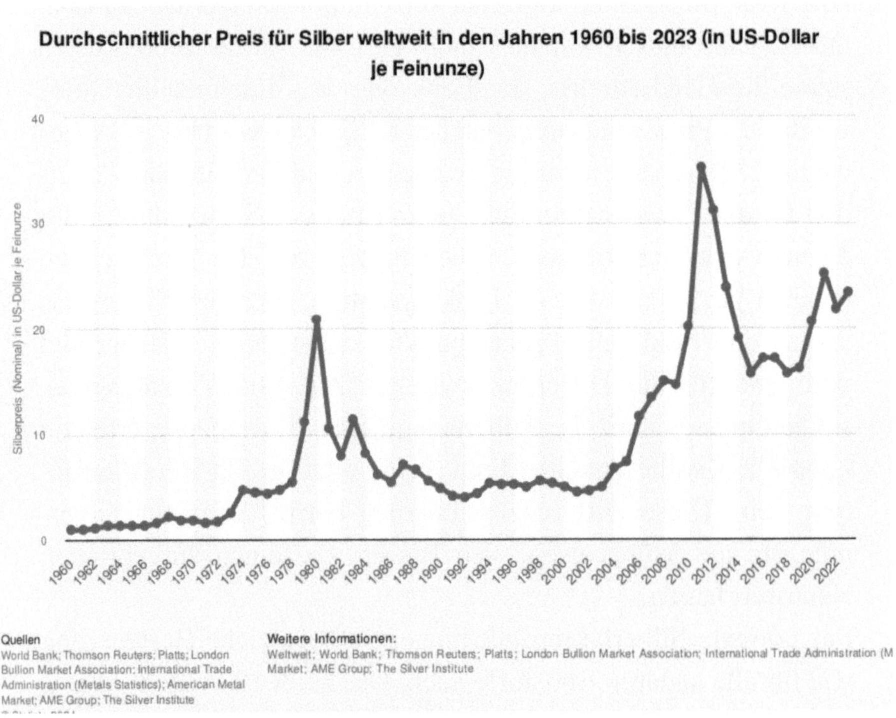



Abb. 11: Silberpreisentwicklung[12]

Der Chart der Silberpreisentwicklung zeigt ebenso wie der des Goldes langfristig eindeutig nach oben. Allerdings gibt es beim Silber deutlich größere Kursausschläge als beim Gold. Daher gilt

---

[12]Statista (2024): Abb. 11

das volatile Silber nicht zu Unrecht als riskanter und zugleich auch chancenreicher als der große Bruder Gold.

Da die Nachfrage nach Silber im Vergleich zu Gold deutlich abhängiger vom industriellen Bedarf ist, weist der Silberpreis hierbei eine gewisse Konjunkturabhängigkeit auf. Wird von einer sinkenden Wirtschaftsleistung ausgegangen, so fällt im Regelfall der Silberpreis kurzfristig in Folge dessen. Dasselbe gilt natürlich auch anders herum. Schließlich können die Produzenten nicht von heute auf morgen die Menge des geförderten Silbers ändern und eine Anpassung der Fördermengen findet nur sehr langsam statt. Zudem kommt erschwerend für eine Regulierung der Produktionsmenge hinzu, dass Silber oft als Nebenprodukt bei der Förderung von Gold oder Kupfer geschürft wird und nicht der primäre Grund bei der Errichtung der meisten Abbaustellen ist.
Ebenso gilt bei der Entwicklung des reinen Preises für Silber die Abhängigkeit gegenüber dem US-Dollar.
Den stärksten Einflussfaktor auf den Silberpreis wies in der Vergangenheit aber vor allem der Goldpreis auf. Der kleine Bruder Silber hängt einfach an seinem großen Bruder Gold. Kurzfristig gibt es durchaus mal die ein oder andere Schwankung, bei der Gold und Silber in die entgegengesetzte Richtung laufen. Beispielsweise bei einem überraschenden und schnellen Konjunkturrückgang. Gold steigt in der Folge und Silber fällt. Mittel- und langfristig entwickeln sich die beiden Edelmetalle aber immer sehr ähnlich. Die Erfahrung zeigt, dass sich meistens bei leicht steigenden oder sinkenden Goldpreisen das Silber etwas gedämpfter entwickelt. Bei einem stark steigenden oder einbrechenden Goldpreis zündet beim Silber erfahrungsgemäß der

Turbo und es wirkt wie ein Hebel auf Gold. Das lässt sich auch sehr gut an den extrem großen Kursauschlägen im Chart der Silberpreisentwicklung erkennen.

Bei der Preisbildung von Silber sollten Investoren noch die sogenannte Gold-Silber-Ratio beachten. Dies beschreibt das Verhältnis des Preises der beiden beliebten Edelmetalle. Im historischen Mittel betrug dies den Wert von 15. Diese Kennzahl sagt nun aus, dass beim Kauf von einer Unze Gold 15 Unzen Silber bezahlt werden müssen. Das Interessante an diesem Zusammenhang ist nun der aktuelle Wert der Gold-Silber-Ratio. Der liegt nämlich bei historisch hohen 85 (August 2024).
Für Anleger bedeutet dies nun, dass der Silberpreis historisch gesehen unverhältnismäßig günstig ist gegenüber Gold. Genau deshalb sehen viele Finanzexperten aktuell ein sehr hohes Aufholpotential von Silber gegenüber Gold. Man muss dazu aber auch erwähnen, dass das Gold-Silber-Ratio schon seit 15 Jahren auf einem vielfach zu hohen Niveau ist in Bezug auf den historischen Wert von 15. Es gibt ganz klar in der Finanz- und Wirtschaftswelt gewissen Gesetzmäßigkeiten, die grundsätzlich eigentlich immer gültig sind. Das Gold-Silber-Ratio ist als eine Art Bewertungskennzahl zwischen Gold und Silber zu sehen. Solche Bewertungskennzahlen wie man sie auch aus dem Aktien und dem Immobilienbereich kennt sind eben keine unveränderlichen Wirtschaftsgesetze. Nein ganz im Gegenteil. Bewertungskennzahlen können sich über einen sehr langfristigen Zeitraum schlichtweg dauerhaft verändern. Ob und wann so etwas der Fall ist, lässt sich faktisch erst dann erkennen, wenn es bereits passiert ist.

Von daher sollten Anleger sich nicht darauf verlassen, dass das Gold-Silber-Ratio zu dem Wert von 15 langfristig zurückkehrt. Es ist durchaus möglich, dass sich hier schlichtweg das fundamentale Bewertungsverhältnis zwischen Gold und Silber dauerhaft geändert hat und nun bei etwa 70 liegt. Für die letzten 15 Jahre lässt sich dies zumindest vermuten, da dies genau der Wert ist, um den die Ratio herum schwankt.

## 5.2   Silbermünzen und Barren

**Silberbarren:**

Wie bereits im vorherigen Kapitel über die Besonderheiten von Silber erwähnt, gilt es zwingend darauf zu achten, in Münzbarren zu investieren, um so den Vorteil des legitimierten Zahlungsmittels zu erhalten durch den aufgedruckten Nennwert. Die besagten Münzbarren gibt es in sämtlichen Stückelungen. Angefangen von der einen Unzen-Größe bis hin zu 15 Kilogramm.

Das beste Preis-Mengenverhältnis der kleineren Barren bietet im Regelfall die 1 kg Ausführung. Es beruht auf dem größten Produktions- und Nachfragevolumen dieser Barrengröße beim Silber.

**MapleLeaf:**

Der MapleLeaf ist im Silberbereich die unangefochtene Nummer Eins auf dem Markt. Rund die Hälfte aller weltweit verkauften Silbermünzen kommt von der kanadischen Prägestätte. Der MapleLeaf ist unter den Bullionmünzen einer der ältesten und folglich auch der bekanntesten Münzen in der Silberausführung. Jeder Edelmetallanleger und Finanzexperte denkt zuerst an den MapleLeaf, wenn das Wort Silber in den Raum geworfen wird.

Man kommt beim Kauf von Silber schlichtweg an dieser Münze nicht vorbei.

Diesen Status hat er sich aber auch wahrhaftig verdient. Das große Problem bei der Silberlagerung, auf die ich später noch genauer eingehen werde, ist die Bildung von Milchflecken. Die kanadische Münzenprägestätte hat eine einzigartige Beschichtung entwickelt, die die Bildung der hässlichen und wertmindernden Milchflecken verhindert. Trotz der Beschichtung zeichnet sich der silberne Leaf noch durch einen verhältnismäßig günstigen Preis aus, ausgelöst durch sein enormes Produktionsvolumen.


### **Krügerrand:**

Die südafrikanische Münze gibt es erst seit 2018 auch in Silber. Dennoch hat sie es vom Start weg zur klaren Nummer zwei in der Geldanlage geschafft. Sicherlich liegt das auch an der großen Bekanntheit, weltweiten Anerkennung und sehr hohen Verbreitung der goldenen Ausführung.

Durch das sehr hohe Produktionsvolumen zeichnet sich auch der Krügerrand durch sehr geringe Prägekosten aus.


### **American Eagle:**

Nicht nur in Gold, sondern auch in Silber gehört der American Eagle zu den hoch angesehenen und weitverbreiteten Münzen. Allerdings behält er auch hier denselben faden Beigeschmack: Seine Prägekosten zählen zu den höchsten und somit ist der American Eagle auch bei den Edelmetallhändlern bei den teuersten Münzen zu finden. Die hohe Prägekosten bekommt man aber natürlich im Wiederverkauf auch zurück.

Wegen seiner matten Farbgebung und der Tatsache, dass der Eagle den größten Durchmesser aller Bullionmünzenbesitzt, ist er bei vielen Anlegern sehr beliebt und darf in keinem breit diversifizierten Portfolio fehlen.

**<u>Wiener Philharmoniker:</u>**
Beim Silber gilt dasselbe wie beim Gold: Wer eine europäische Anlagemünze kaufen möchte, der kommt am Wiener Philharmoniker kaum vorbei. Die Münze zeichnet sich vor allem durch einen schönen Glanz und einen verhältnismäßig kleinen Durchmesser aus. Bei vielen Edelmetallhändlern ist die österreichische Münze im Verkauf die günstigste zusammen mit dem Känguru Nugget.

**<u>Känguru Nugget:</u>**
Der Känguru Nugget vollendet die Reihe der Top fünf Silbermünzen im Anlagebereich. Es ist nach dem Krügerrand die am dritthäufigsten hergestellte Silbermünze weltweit. Der Känguru Nugget zeichnet sich durch die geringsten Produktionskosten aller Silbermünzen aus und ist bei vielen Edelmetallhändlern die günstigste Münze.

# 6. So kauft man Edelmetalle

Ein häufig diskutiertes Thema ist der richtige Kauf von Gold und Silber. Grundsätzlich gibt es hierbei weder ein klares „Richtig" oder ein „Falsch". Es kommt häufig auf die persönliche Ausgangsituation und Präferenzen an.

Dieses Kapitel befasst sich deshalb mit den verschiedenen Formen von Edelmetallbesitz und deren Möglichkeiten diesen zu erwerben. Dazu erstmal ein Blick auf die verschiedenen Formen, in denen Anleger in Deutschland am liebsten Gold und Silber kaufen.

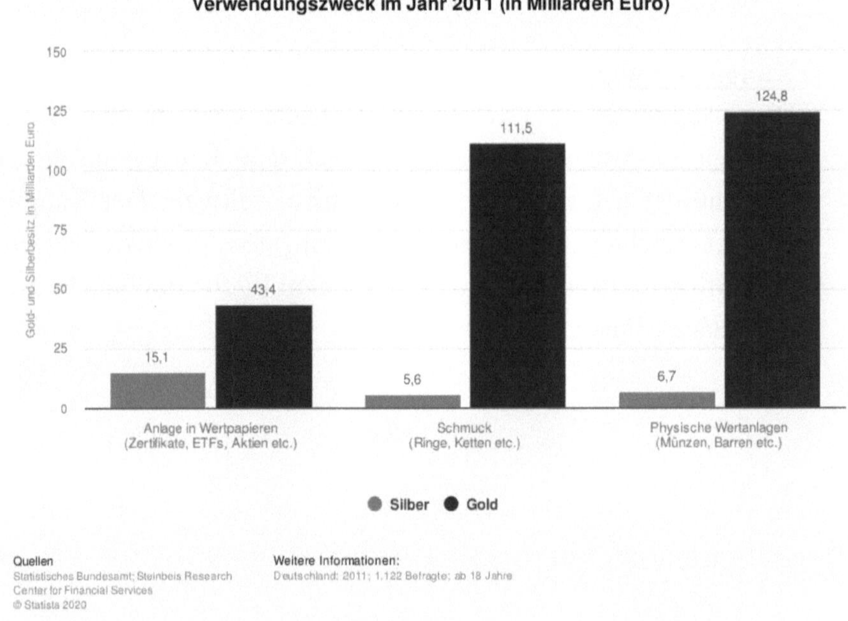


Abb. 12: Vergleich Gold- und Silberbesitz in Deutschland[13]

---

[13]Statista (2020): Abb. 12

Der Besitz von Edelmetallen in Form von Schmuck zählt sicherlich nur bedingt zum Bereich der Geldanlage hinzu. Wobei natürlich der Gedanke ein der Doppelnutzung von Gold als Schmuck und gleichzeitig als Anlage völlig in Ordnung ist und seine Daseinsberechtigung hat. Schließlich wird auch bei den von Privatanlegern angekauften Anlagemünzen und Barren durch die Edelmetallhändler ein Großteil an die Münzpräger weiterverkauft zur Einschmelzung und Herstellung neuer Anlagemünzen. Es lässt sich ein klares Bild erkennen: Die Privatanleger bevorzugen die physische Form im Gegensatz zur Papierform.

Ich war selbst positiv überrascht über den hohen physischen Anteil. Dieser ist sogar aller Vorrausicht nach in Wahrheit noch einmal deutlich höher, als in dieser Statistik dargestellt. Schließlich dürfte ein Großteil des Goldes und Silbers, welches im anonymen Tafelgeschäft erworben oder vererbt wurde, kaum in dieser Auswertung erfasst sein. Das ist eine der wenigen positiven Momentaufnahmen der Geldanlage privater Haushalte in Deutschland, die nach wie vor zum Großteil mangels schlechter finanzieller Bildung schwach gestaltet ist.

Eine weitere Auffälligkeit ist, dass der Silberanteil im Verhältnis zum Gold bei der Anlage in Wertpapieren deutlich höher ist, als bei der physischen. Dies ist darauf zurückzuführen, dass die Lagerung von physischem Silber deutlich aufwändiger ist als von Gold. Diesen Aufwand wollen scheinbar einige, was sicherlich auch völlig verständlich ist, vermeiden.

## 6.1 Edelmetalle auf dem Papier

Der grundlegende und offensichtlichste Unterschied zwischen dem physischen Gold und dem in Papierform ist den meisten Anlegern sicherlich klar. Das eine kann man anfassen, das andere eben nicht. Das mag für den einen ein Nachteil sein, da verständlicherweise viele die „Sicherheit" des Goldes nur dann tatsächlich spüren können, wenn sie es auch in den Händen halten. Für andere wiederum ist es einfach ein großer Spaß die eigenen Edelmetallbestände regelmäßig zu bestaunen. Und wiederum andere Menschen empfinden die deutlich einfachere Lagerung in Form von Wertpapieren als großen Vorteil, der gegen den Kauf von physischen Edelmetallen spricht.

Den Krisenschutz kann das Papiergold aber nicht in voller Ausprägung mit sich bringen. Zwar steigen in aller Regel in ökonomischen und gesellschaftlichen Krisen auch die Preise für Papiergold. Allerdings lässt sich dieses in einer tiefen Krise, in der die Währung und/oder die Wirtschaft komplett am Boden liegen nicht verwenden, um sich davon Nahrungsmittel oder andere Güter zu kaufen. Ob dann die Zugriffsrechte und Auslieferungsrechte von Papiergold im Extremfall dann tatsächlich durchsetzbar sind, darf stark angezweifelt werden.

Letzteres gibt es noch eine Differenzierung bezüglich der steuerlichen Betrachtung. Sämtliche Edelmetalle, die in Papierform gehandelt werden, unterliegen nicht der Besteuerung für Sachwerte, sondern der für Wertpapiere.

Sämtliche Varianten für die Goldanlage, die im Folgenden vorgestellt werden, lassen sich wie jedes andere Wertpapier auch an den Börsen handeln und in einem Depot lagern.

**Zertifikate/Derivate:**
Am weitesten verbreitet ist Papiergold in Form von Derivaten und Zertifikaten. Grundsätzlich sind dies aber Finanzprodukte, die tendenziell weniger für Privatinvestoren mit langfristigem Anlagehorizont geeignet sind.
Diese Wertpapiere sind meist mit einem Hebel auf die Edelmetallpreisentwicklung versehen. Damit können Anleger auf kurzfristige Sicht spekulieren, um so bei einer richtigen Prognose gehebelt zu partizipieren. Leider gilt das natürlich auch in umgekehrter Richtung. Wenn der Käufer eines Finanzderivates falsch liegt mit seiner Annahme über die künftigen Ereignisse an den Märkten, so erfährt er gehebelte Verluste die sehr schnell in Richtung eines Totalverlustes laufen.

Wer an einer kurzfristigen Spekulation Interesse hat, kann sicherlich den ein oder anderen erfolgreichen Handel mit Hilfe eines solchen gehebelten Produkts durchführen. Allerdings gibt es zwei Dinge, die es hier zu beachten gibt. Erstens handelt es sich nicht um einen Sachwert, sondern um eine Schuldverschreibung. Die Papiere werden von einer Bank oder einem anderen Finanzdienstleister ausgegeben. Dieser bezahlt dem Anleger dann beim Verkauf, wenn er dies nicht über die Börse vollzieht, auch den aktuellen Wert bzw. den Geldkurs. Somit hat diese Investition ein sogenanntes „Emittenten-Risiko". Das bedeutet, dass im Falle einer Pleite der Bank oder des Finanzdienstleisters auch dessen herausgegebene Finanzprodukte wertlos werden.

Völlig unabhängig davon, ob der aktuelle Besitzer des Zertifikates mit seiner Einschätzung des Marktes richtig oder falsch liegt bzw. welchen Börsenwert das entsprechende Zertifikat hat. Ist der Emittent einer Schuldverschreibung insolvent, so sind dessen Schuldverschreibungen nahezu wertlos, da diese nur teilweise oder gar nicht mehr bedient werden können. Des Weiteren handelt es sich nicht um einen Sachwert und im Falle eines Zusammenbruchs der entsprechenden Währung, in der das Papier emittiert wurde, bleibt der Anleger ebenfalls auf einem Totalverlust sitzen. Die Schuldverschreibung kann vom Emittenten zwar bedient werden, jedoch in einer Währung die im entsprechenden Extremfall eines Währungskollapses eben wertlos ist.

Zweitens sollte bedacht werden, dass auch Finanzderivate auf Edelmetalle besteuert werden, wie auch jedes andere Wertpapier. Heißt de facto: Auf Gewinne werden 25 Prozent Abgeltungssteuer, plus 5,5 Prozent Soli und eventuell noch Kirchensteuer fällig. Im Maximum hat der Anleger eine Steuerlast von 27,99 Prozent auf die erzielten Gewinne zu bezahlen (abhängig von Bundesland und Konfession). Verluste mit anderen Wertpapieren können dem natürlich entgegen gerechnet werden. Jedoch können Verluste aus derivative Finanzprodukte nur mit Gewinnen aus anderen Derivaten verrechnet werden und das nur bis zu einer Höhe von 20.000 € (stand 08/2024; aktuelle Läuft eine Verfassungsklage; Verfassungswidrigkeit gilt bereits als bestätigt). Eine Verrechnung von Verlusten aus Finanzderivaten mit Gewinnen aus Aktien oder Anleihen ist nicht möglich.

Zertifikate und Derivate sind also nur für Anleger geeignet, die sich tagtäglich mit den Märkten beschäftigen und auch dazu bereit sind sehr hohe Verluste in Kauf zu nehmen. Die essentielle

Grundvorrausetzung ist aber natürlich ein hohes Wissen und Verständnis über Wirtschaft und Finanzmärkte.

**ETFs:**
ETFs erfreuen sich seit einigen Jahren schon fast inflationärer Nachfrage an den Finanzmärkten. Immer mehr Geld fließt von Vermögensverwaltern, Pensionsfonds und vor allem Privatanlegern in die börsengehandelten Indexfonds. Die allermeisten sind auf Basis von Anleihen, Aktien oder einer Mischung daraus zusammengestellt.

Seit wenigen Jahren gibt es allerdings auch ETFs auf der Basis von Edelmetallen. Leider gilt aber auch für die Gold-ETFs die übliche Abgeltungssteuer wie bei allen anderen Wertpapieren auch. Ebenso trifft die Anleger eine Verwaltungsgebühr die meistens einen Wert von einem halben Prozentpunkt aufweist.

Grundsätzlich dienen Gold-ETFs der langfristigen Vermögensanlage. Sie sollen allerdings gegenüber dem physischen Gold den Vorteil mit sich bringen, dass sie sich börsentäglich handeln lassen und somit eine äußerst liquide Investition sind.
Man darf sie aber dennoch nicht als Äquivalent zum physischen Gold ansehen. Schließlich sind die ETFs nicht komplett mit physischem Gold hinterlegt. Das heißt für den Privatanleger, dass beim Rest meistens zwischen 10 und 30 Prozent ein Emittenten-Risiko vorhanden ist und dieser Anteil im Pleitefall des Finanzdienstleisters verloren geht. Allerdings ist es definitiv auch nicht garantiert, dass in einem solchen Fall das physisch hinterlegte Gold dem Anleger erhalten bleibt.

Man zahlt also schlichtweg einen Art Risikoaufschlag für diese praktische und unkomplizierte Möglichkeit, in Edelmetalle zu investieren.

Aufgrund des vorhandenen, wenn auch geringen Ausfallrisikos ist es für Anleger ratsam, bei den ETFs auf die systemrelevanten Finanzdienstleister zu setzten. Also auf die, die so wichtig für den Finanzmarkt und die Wirtschaft sind, dass die Regierungen ihre Insolvenz und eine damit verbundene ökonomische Katastrophe verhindern. Darunter fallen vor allem die amerikanischen Unternehmen Black Rock/ iShares, Vanguard Group und State Street.

**<u>Xetra-Gold/ Euwax Gold:</u>**
Die eigentlich richtige Bezeichnung für dieses Finanzprodukt ist Gold-ETC. Nur ist das den meisten Anlegern kein Begriff. Xetra-Gold hingegen schon und erfreut sich schon lange einer hohen Nachfrage von Seiten der Privatanleger. Es ist sozusagen eine Mischung aus der physischen und nicht-physischen Investition. Steuerlich gilt nämlich dieselbe Betrachtung wie bei physischen Edelmetallen. Sprich, die Gewinne sind bei einer Veräußerung nach einem Jahr komplett steuerfrei. Man spricht auch von einer Haltefrist von einem Jahr, da Anleger das Wertpapier mindestens ein Jahr halten müssen, um in den Genuss der steuerfreien gewinne zu kommen.
Des Weiteren steckt hinter dem Xetra-Gold tatsächlich physisches Gold, welches von der Deutschen Börse in Frankfurt gelagert wird. Das Xetra-Gold ist somit ein Wertpapier, welches von der Deutschen Börse an den Anleger weitergegeben wird, mit dem dieser sozusagen das Besitzrecht an dem jeweiligen Goldan-

teil hat. Mit dem Kauf sichert sich der Anleger zudem sogar ein Auslieferungsrecht. Er kann sich also gegen eine Gebühr (variabel; ändert sich häufig) das physische Gold nach Hause liefern lassen und das Wertpapier verfällt somit als wertlos. In der Praxis macht dies natürlich niemand. Die Option zur physischen Auslieferung soll nur untermauern, dass das Xetra-Gold eben tatsächlich physisch zu 100 % hinterlegt ist und es sich dabei nicht um „künstlich" geschaffenes Papiergold ohne jegliche Substanz handelt. Zusätzlich fällt noch eine jährliche Verwaltungsgebühr von vertretbaren 0,36 Prozent an. Schließlich muss man bedenken, das damit auch die Lagerkosten abgedeckt sind. Wenn wir ehrlich sind kann faktisch kein Privatanleger sein physisches Gold zu Kosten von nur 0,36 Prozent jährlich lagern.

Ziel ist es also durch Xetra-Gold die Vorteile der physischen und nicht-physischen Anlage in Gold zu kombinieren. Sicherlich ist das eine interessante Idee und auch für viele Privatanleger zweckmäßig.

Allen voran zur Absicherung von Aktiendepots wird das Xetra-Gold häufig verwendet und eignet sich auch zweifelsohne sehr gut dazu. Schließlich bietet es die steuerlich attraktivste Variante, um in der unkomplizierten Papiergoldanlage zu investieren. Als wirklich physische Anlage, auch wenn hinterlegtes Gold vorhanden ist, kann man es sicherlich nicht bezeichnen. Wir wissen doch alle, wie das bei solchen Dingen wie „Garantien" meistens ist. Dann, wenn es aufgrund einer Krise wirklich nötig ist, sich das Gold in physischer Form ausliefern zu lassen, geht es nicht, aus welchen Gründen auch immer.

An dieser Stelle sollten aber auch alle Privatanleger, auch die die sich gerne von Crashpropheten durcheinander bringen lassen, zu sich selbst ehrlich sein und den Tatsachen ins Auge blicken: Die Wahrscheinlichkeit für ein solches Krisenszenario, in dem wirklich alles Zusammenbricht, Wirtschaft und Gesellschaft überhaupt nicht mehr funktional sind, ist äußerst gering und bei Nahe Null.

## 6.2    Goldminenaktien

Eine indirekte und einfach zu handelnde Partizipation am Goldpreis, die dennoch den Charakter eines Sachwertes hat, ist die Investition in Goldminenaktien. Das ist der Überbegriff für sämtliche Aktiengesellschaften, deren primäre operative Tätigkeit die Förderung von Edelmetallen ist. Grundsätzlich kann ich gleich mal vorwegnehmen, dass die Investition in Aktien sicherlich die attraktivste Variante ist, um in nicht physischer Form, in Edelmetalle Geld anzulegen.

Den negativen Punkt des nicht vorhandenen Cashflows bei der Edelmetallinvestition können die Goldminenaktien ausmerzen. Schließlich gibt es bei Aktiengesellschaften bei guter operativer Entwicklung eine Dividende für die Anteilseigner und generiert Somit einen stetigen Cashflow aus der Investition. Zudem wird die Investition somit zu einer Investition in Produktivkapital. Wie bereits an vorheriger Steller erläutert ist die Investition in Produktivkapital zwangsläufig mit höheren Renditen verbunden als andere Anlagen.

Den No-Brainer-Charakter eines direkten Edelmetallinvestments hat die Investition in Goldminenaktien allerdings nicht. Diese Unternehmen sind zwar stark von der Preisentwicklung der geförderten Rohstoffe abhängig und deren Aktienkursentwicklung spiegelt eine Hebelwirkung nach oben, wie auch nach unten auf die Preisentwicklung von Gold und Silber wider. Ein zweiter großer Einflussfaktor für die Profitabilität der gesamten Branche ist der Ölpreis. Den größten Anteil der Förderungskosten von Edelmetallen machen Produkte auf Erdölbasis aus, allen voran Diesel. Bekanntermaßen unterliegt der Ölmarkt durchaus größeren Schwankungen und vielen verschiedenen Einflüssen. Die grundsätzliche langfristige Richtung des Preises, ausgenommen im Ölpreisschock 2020 durch die Lockdowns, zeigte in den vergangenen Jahren nach oben.

Für Aktionäre von Goldminen ist also ein Verfolgen der Edelmetall- und Ölpreise unumgänglich, da dies entscheidend für die Ertragslage dieser Unternehmen ist.


Allerdings ist eine Unternehmensanalyse wie sie in der allgemeinen Aktienanlage üblich ist auch hier nötig, um kalkulierbare Risiken einzugehen. Apropos Risiko: Dieses ist bei der Investition in Goldminenaktien definitiv höher, als bei direkten physischen Investitionen. Die Schwankungen sind wegen der Hebelwirkung deutlich höher und die Möglichkeit eines Totalverlustes ist bei einer Aktieninvestition jederzeit real. Zudem hat wie bei der Aktienanlage üblich jedes einzelne Unternehmen auch sein Unternehmensspezifisches Risiko. Dieses Risiko lässt sich aber in einem überschaubaren Umfang durch die Analyse der jeweiligen Aktien auf ein niedrigeres Niveau herunter brechen.

Grundsätzlich sollten Anleger, die sich für eine Investition in Goldminenaktien entscheiden schon etwas Erfahrung mit direkten Aktieninvestitionen haben. Im Folgenden werde ich einige Kennzahlen vorstellen, die man insbesondere bei Aktien aus dieser Branche beachten sollte.

Die wohl wichtigste Kennzahl im Vergleich der einzelnen Unternehmen der, der Produktionskosten je Unze Gold. Diese schwanken natürlich gerade wegen der Abhängigkeit vom Ölpreis. Generell liegen aber meistens die üblichen Verdächtigen bei den niedrigsten Herstellungskosten. Grundsätzlich gilt hier das Prinzip der Economy of Scale. Sprich, die größten Produzenten haben meistens auch die niedrigsten Kosten. Die Kostenstruktur ist natürlich auch strak abhängig von den verschiedenen Minen, die das jeweilige Unternehmen betreibt. Bei schwer zugänglichen Minen sind die Kosten deutlich höher als bei einfach zugänglichen Minen. Dies ist auch stark Regionen abhängig. Minen in Australien oder Kanada haben tendenziell deutlich höhere Kosten, als welche in Afrika. Diese wiederum haben aber ein enormes politisches Risiko. Die Goldminenunternehmen weisen die Produktionskosten je Feinunze mindestens einmal im Jahr mit dem Geschäftsbericht aus, manche sogar vierteljährlich in den Quartalsberichten.

Des Weiteren spielt die Eigenkapitalquote eine wichtige Rolle. Diese gibt an, wie viel des eingesetzten Gesamtkapitals des Unternehmens, aus Eigenkapital bereitgestellt wird. Je höher diese Quote ist, desto besser, denn dann ist automatisch das Fremdkapital niedriger. Und was ist Fremdkapital de facto? Nichts anderes als Schulden, demgemäß Kredite, ausgegebene Anleihen, ausstehende Zahlungsverpflichtungen.

Aktiengesellschaften, die nur eine sehr geringe Eigenkapitalquote haben, kommen in Zeiten steigender bzw. sehr hoher Zinsen sehr schnell in finanzielle Schieflage. Wenn man so viel Fremdkapital für das Führen des Geschäftsbetriebes benötigt, haben die laufenden Kosten (Zinsen) für das Kapital eine entsprechend große Bedeutung und steigen rapide an. Zudem ist ein Unternehmen mit sehr viel Fremdkapital weniger flexibel beim Einsetzten der finanziellen Mittel, als eines mit viel Eigenkapital.

Ein weiterer Aspekt, der einen hohen Eigenkapitalbedarf nach sich zieht, ist die Gefahr von temporären Goldpreisen unterhalb der Produktionskosten. Bei einem solchen Szenario kann ein Unternehmen nicht einfach die Produktion einstellen. Es muss weiterproduziert werden, um Cashflows zu generieren, mit denen laufende Fixkosten wie Gehälter, Mieten und Zinszahlung bezahlt werden.

Solche extremen Phasen kommen zwar selten vor und sind nur von kurzer Dauer, wenn jedoch das Finanzpolster des Unternehmens zu gering ist, wird es solche Phasen nicht überleben können. Die negativen Erträge in einer solchen Zeit schlagen direkt aufs Eigenkapital durch und wenn dieses sehr niedrig ist, folgt in der Konsequenz beim gänzlichen Verlust des Eigenkapitals die Insolvenz. Das ist grundsätzlich keine Raketenwissenschaft und den meisten Lesern dieses Buches dürfte dieser Zusammenhang völlig klar sein. Es ist jedoch eben vielen Menschen nicht klar, dass Goldminenunternehmen, wenn sie Verluste schreiben nicht einfach mit dem produzieren aufhören können. Selbst eine Reduktion der Kapazitäten dauert aufgrund der strukturellen Gegebenheiten in dieser Branche mehrere Monate.

Aus diesen Gründen sollte die Eigenkapitalquote mindestens 40 Prozent oder mehr betragen.

Natürlich ist es auch bei Goldminenaktien sinnvoll, klassische Bewertungskennzahlen wie KGV, KCV, KUV, PEG usw. anzuwenden. Die Erfahrung hat jedoch gezeigt, dass diese Kennzahlen bei Goldminenunternehmen eine untergeordnete Rolle spielen für die Kursentwicklung. Wie bereits erwähnt sind hier die langfristig entscheidenden Faktoren: Goldpreis, Ölpreis, Förderkosten und Solvenz der Aktiengesellschaft.

Eine jederzeit präsente Gefahr, auf die leider immer wieder Privatanleger reinfallen, stellen die Aktien der sogenannten Goldexplorer dar. Diese Unternehmen fördern (noch) keine Edelmetalle, sondern sind noch mit der Erschließung einer oder mehrerer neuer Minen beschäftigt. Grundsätzlich bieten sich hier für Anleger scheinbar gute Chancen auf großen Reichtum, wenn das Unternehmen im wahrsten Sinne des Wortes auf eine Goldader stößt. Aber weit gefehlt. Bei nahezu allen solchen Aktiengesellschaften handelt es sich um Schneeballsysteme. Es existiert in Wirklichkeit gar kein richtiges Unternehmen. Stattdessen gibt es ein paar Scharlatane, die einen fiktive Firmenmantel erschaffen, um dann deren Aktien immer wieder an weitere Kleinanleger zu verkaufen und so den Kurs hochtreiben. Haben die Kurse einen so hohen Wert erreicht, dass die Hintermänner ausgesorgt haben, so stoßen sie ihre Aktien ab, der Schwindel fällt auf und das Kartenhaus bricht zusammen. Solche Praktiken sind eigentlich nicht legal. Dennoch gelingt es diesen findigen Geschäftsmännern immer wieder ungeschoren davon zu kommen, weil der Nachweis von gezieltem Betrug letztlich nur sehr schwierig möglich ist. Selbst wenn so etwas aufgedeckt wird braucht der Privatanleger sich gar nicht erst die Hoffnung machen jemals wieder etwas von seinem Geld zu sehen. Es hat jetzt ein anderer! Daher ist es für Privatanleger ratsam sich vor allem an die schon lange existenten Goldminenaktien zu halten, die auch schon die eine oder andere Krise überlebt haben. In der folgenden Liste zeige ich einige Unternehmen der Branche auf, die schon seit langem im Edelmetallgeschäft tätig sind. Grundsätzlich handelt es sich hier nicht um Empfehlungen, sondern nur um eine Information. Jeder Anleger sollte selbst eine eigene Analyse der einzelnen Aktien durchführen, um dann eine eigene, fundierte Entscheidung zu treffen.

<u>**Auswahl an börsennotierten Goldminenaktien:**</u>

| Aktiengesellschaft | Börsenwert in Mrd. € | Info |
| --- | --- | --- |
| Anglo American Gold | 33,2 | Zweitgrößter Goldproduzent |
| Barrick Gold | 32,7 | drittgrößter Goldproduzent, einer der größten Kupferförderer, plus Tochter in Öl – Industrie, |
| Franco-Nevada | 21,2 | nahezu schuldenfrei (Gold + Kupfer) |
| Kinross Gold | 10,1 | sehr solide Bilanz (Gold + Kupfer) |
| Newmont Mining | 53,5 | größter Goldproduzent, Silber, Kupfer und Zink werden ebenso gefördert |
| B2Gold | 3,4 | reiner Goldproduzent |
| Equinox Gold | 2,3 | reiner Goldproduzent, sehr wachstumsstark |
| MAG Silver | 1,3 | reiner Silberproduzent, sehr wachstumsstark |
| Rio Tinto | 91,3 | größter Rohstoffproduzent, Edelmetalle und Diamanten machen einen kleinen Umsatzanteil aus |
| PanAmerican Silver | 7,2 | Fokus auf Silber und Diamanten, größter Silberproduzent |
| Freeport-McMoRan | 57,5 | Größter Kupferproduzent der Welt, etwa 20 % Gold am Umsatz als Nebenerzeugnis |

## 6.3 Physische Edelmetalle

Die physischen Edelmetalle wurden in diesem Buch schon des Öfteren angesprochen und zwischen verschiedenen Münzen und Barren differenziert. Hat man sich als Anleger doch für den Kauf von echtem Gold und Silber zum Anfassen entschieden, so kann man sich dieses nun bei nahezu jeder Bank, meist aber nur auf Vorbestellung kaufen. Die andere Möglichkeit sind Edelmetallhändler.

Für einen Kauf bei der persönlichen Hausbank sprechen natürlich das höhere Vertrauen und die hundertprozentige Sicherheit, dass diese auch nur echte Waren verkauft. Für Neueinsteiger, die noch nie Edelmetalle in der Hand hielten und auch keinen guten Freund haben, den sie zum Kauf mitnehmen möchten, ist es äußerst empfehlenswert die erste eigene Transaktion bei der Hausbank oder einer anderen seriösen Bank zu tätigen.

Wer schon etwas mehr Erfahrung hat, sollte tendenziell zu einem Edelmetallhändler gehen. Zum einen bieten fast alle das aktuell noch mögliche, anonyme Tafelgeschäft bis zu einem Betrag von zwei tausend Euro an. Zum anderen bieten sie eine deutlich größere Auswahl, als Banken und im Regelfall auch einen deutlich besseren Preis aus Sicht des Privatanlegers.
Solche Händler sind in den meisten großen Städten, oftmals auch mehrfach, zu finden. Eine kleine Google-Session bietet sich hier an, um auf die Edelmetallhändler in der Nähe aufmerksam zu. Dabei bietet sich dann auch ein kurzer Blick auf die Bewertungen an, um die Seriosität sicherzustellen. Wobei man grundsätzlich in Deutschland nahezu allen stationären Edelmetallhändlern

eine hohe Seriosität unterstellen kann. Schwarze Schafe gibt es diesem Bereich nahezu keine.

Der immer öfters genutzte Weg ist natürlich die Onlinebestellung. Die meisten stationären Edelmetallhändler haben mittlerweile auch einen zugehörigen Onlineshop.
Häufig haben Anleger hierbei zwei Sorgen: Was ist, wenn mein Paket verloren geht und was ist, wenn ich an einen unseriösen Händler gelange?
Pakete können jederzeit verloren gehen und das völlig unabhängig von der zu liefernden Ware oder irgendwelchen Absichten. Für den Anleger stellt dies aber keinerlei nennenswertes Risiko dar. Schließlich muss der Edelmetallhändler so lange für die Ware haften, und verfügt auch über entsprechende Versicherungsverträge, bis die Metallstücke in den Händen des Käufers liegen. Es besteht dort kein Unterschied im Vergleich zum generellen Online- bzw. Versandhandel mit Gütern sämtlicher Art.
Um den Kauf bei einem unseriösen Händler zu vermeiden, ist es empfehlenswert, das Vergleichsportal www.gold.de zu besuchen. Dort wird regelmäßig eine Liste zu den zertifizierten Onlineshops aktualisiert. Ist hier der präferierte Shop nicht dabei, sollte die Wahl nochmals überdacht werden. Eine weitere Möglichkeit zur Absicherung des Onlinekaufes ist die Durchführung eines Testkaufes. So kann der Händler mit einem kleinen Volumen vor dem eigentlich richtigen Kauf getestet werden. Beim Kauf im Onlineshop muss den Anlegern aber natürlich bewusst sein, dass hier aus technischen Gründen ein anonymer Kauf auch unterhalb der Grenze von 2.000 € nicht möglich ist.

Die Investition in physische Edelmetalle scheint tatsächlich deutlich aufwändiger zu sein, als einfach Gold auf dem Papier zu kaufen. Allerdings bringt die physische Anlage auch Vorzüge mit sich.

Edelmetalle sind nicht nur zum Aufbau und zur Speicherung vom eigenen Vermögen sinnvoll, sondern sie dienen, wie bereits an anderer Stelle erwähnt, auch als Krisenwährung. Die zuletzt genannte Rolle kann von Gold und Silber allerdings nur in physischer Form erfüllen. Schließlich ist es im Falle des Falles nicht möglich, beim Bäcker mit dem Depotauszug ein Brot zu kaufen. Mit einer Edelmetallmünze ist das hingegen kein Problem. Hoffentlich kommt es niemals wieder zu solchen Zuständen, dass davon Gebrauch gemacht werden muss. Aber auch schon in „kleineren Krisen" wie einer starken Inflation, in der keiner mehr die Fiat-Währungen annehmen möchte oder zumindest nicht viel davon, ist es sinnvoll, wenn man Transaktionen mit direkt verfügbaren Edelmetallen abwickeln kann.

# 7. Lagerung von Edelmetallen

Das Thema der Lagerung betrifft logischerweise nur die Anleger, die sich für den Kauf der physischen Variante entscheiden. Edelmetalle in Papierform oder Goldminenaktien werden in einem gewöhnlichen Wertpapierdepot bei Banken und Brokern gelagert. Die physische Lagerung stellt da schon eine vergleichsweise große Herausforderung dar und ist für viele Anleger auch der Hauptgrund, sich gegen die physische Variante zu entscheiden.

Insbesondere beim Weißmetall Silber stellt sich die Lagerung etwas problematisch dar. Durch Oxidation kann es nämlich auf der Oberfläche von Silber zu Milchflecken kommen, die den Anblick nicht gerade verschönern. Dennoch wirkt sich dies auf den Wert der Anlagemünzen kaum mindernd, maximal um drei Prozent. Mit Glück kann es beim Verkauf an einen Altgoldhändler sogar zu keinerlei Abschlag kommen, da diese die eingekaufte Ware zum Großteil sowieso einschmelzen und nur einen kleinen Teil direkt weiterverkaufen.

Bei Sammlermünzen ist dies aber eine echte Problematik. Schließlich werden diese oft mit hohen Aufschlägen auf den reinen Metallwert wegen ihrer Schönheit und Seltenheit gehandelt. Da kann es schon zu drastischen Wertminderungen im prozentual zweistelligen Bereich kommen, wenn der Zustand der Münze schlecht ist. Die Streuung ist allerdings sehr groß und oft von der jeweiligen Münze und Persönlichkeit des potentiellen Käufers abhängig sein und lässt sich daher nicht adäquat pauschalisieren.

Verhindern lassen sich diese Milchflecken durch Beschichtungen seitens der Prägestätte wie beispielsweise beim MapleLeaf oder durch die Minimierung von Sauerstoffkontakt mit dem Silber.

Silberbarren erhält man von einem seriösen Händler oder einer Bank im Regelfall in Folie eingeschweißt. Barren sind also in der Regel von Haus aus gegen Milchflecken geschützt, wenn sich nicht gerade ausgepackt werden, wovon ich übrigens auch bei Gold dringlich abrate. Dies wirkt sich schlichtweg wertmindernd aus.

Größere Mengen an Münzen werden in Tuben verkauft. Lässt man diese verschlossen besteht auch keinerlei Gefahr. Selbst, wenn man sie ab und zu mal herausnimmt, um sie kurz zu bestaunen, bekommen sie erfahrungsgemäß keine Oxidationsprobleme. Einzelne Münzen werden manchmal in Münzkapseln verkauft. Hierbei gilt das gleiche wie für die Tube. Meistens werden Silbermünzen allerdings in transparenten Plastiktaschen verkauft. Diese sollten schnell durch Kapseln oder Tuben ersetzt werden, da diese keinen ausreichenden Schutz bieten.

Manche Anleger organisieren sich auch ein kleines Einschweißgerät und schweißen einfach alles ein, was es noch nicht ist. Das ist dann natürlich der bestmögliche Schutz, den Sie Ihren Schätzen verpassen können.

Im Folgenden möchte ich einige Varianten vorstellen, wie Privatanleger physische Edelmetalle richtig lagern können:

### Zu Hause

Wenn man den Erwerb von physischem Edelmetall als Versicherung für den Krisenfall sieht, so ist natürlich eine Lagerung zu Hause, zumindest für einen Teil der Ware, die erste Wahl. Einiges spricht auch dafür so vorzugehen. Dadurch hat man immer

Zugriff auf die Schätze und es entstehen keine Lagerkosten, ausgenommen der Anschaffung eines optionalen Tresors.

Auf der anderen Seite hingegen sind Sicherheitsbedenken im Falle eines Einbruchs berechtigt. Diese lassen sich durch entsprechendes Vorgehen allerdings deutlich senken. Zudem lässt sich das Risiko durch verschiedene Lagerorte innerhalb des eigenen zu Hause reduzieren. Klar, den Tresor kennt jeder und wer einen sein Eigen nennen kann, sollte diesen auch mit etwas Gold und Silber befüllen. Außerdem können Sie eine Zusatzversicherung für Edelmetalle gegen Diebstahl bei nahezu jeder Versicherung abschließen.

Auch das klassische Vergraben im Garten wird häufig angewendet und ist sogar erstaunlich sicher. Hinter mancher Fußleiste gibt es Platz für etwas Gold. Der Türrahmen bietet sich auch für größere Mengen an und wer beim Bau gleich mitdenkt, kann sich eine eiserne Reserve einmauern. Hier gilt es einfach kreativ zu sein und die Verstecke durchaus aufwendig zu gestalten, denn Langfinger haben selten viel Zeit übrig, um lange zu suchen. Doch das wichtigste ist, niemals zu vergessen wo sich die Reserven befinden, sonst sind diese bei Bedarf natürlich völlig nutzlos.

**<u>Bankschließfach</u>**

Die bekannteste Lagermöglichkeit außerhalb des eigenen Reviers dürfte das Schließfach der Hausbank sein. Grundsätzlich eignet sich ein Bankschließfach sehr gut für die Lagerung von Edelmetallen. Die Sicherheit ist extrem hoch und Lagerkosten sind für Anleger, die bereits ein Konto bei dem jeweiligen Institut haben vernachlässigbar. Problematisch hingegen ist die Verfügbarkeit. Diese ist bei weitem nicht so gut wie in den eigenen vier Wänden. Beim Zugriff ist man auf die Öffnungszeiten oder gar einen vereinbarten Termin angewiesen. Sollte es zu einer währungsbedingten Krise kommen, die begleitet wird von Bankruns und Filialschließungen, hat man keinerlei Zugriff auf die Edelmetallbestände und das ausgerechnet dann, wenn es tatsächlich von Nöten ist.


## Edelmetallhändler

Bei einigen Edelmetallhändlern kann man nicht nur Transaktionen vornehmen, sondern auch die Lagerung. Des Weiteren gibt es auch Unternehmen, die eben nur den Service der Lagerung von Edelmetallen und anderen wertvollen Gegenständen übernehmen. Diese Lagermöglichkeit ist ähnlich wie die in einem Bankschließfach mit ebenso hoher oder gar noch höherer Sicherheit. Allen voran ist aber die Verfügbarkeit deutlich höher als bei der Hausbank um die Ecke. Die Modelle sind hier sehr unterschiedlich und meistens sehr flexibel bis hin zu einem täglichen 24 Stunden Zugriff. Des Weiteren sind solche Unternehmen nicht direkt vom Währungssystem abhängig und bleiben im Regelfall von solchen Krisen, in denen der mögliche Zugriff wichtig ist, verschont.


## Zollfreies Auslandslager

Diese Variante dürfte den meisten Privatanlegern unbekannt sein, vielleicht sogar suspekt vorkommen. Bei den vielen Steuerhinterziehungsskandalen in den vergangenen Jahren hört sich ein zollfreies Auslandslager so an, als wäre es nicht rechtskonform. Im Grunde ist es jedoch völlig legal und eine gut geeignete Variante, um die Edelmetallbestände zur Risikostreuung teilweise im Ausland zu lagern. Steuerlich ändert sich nahezu nichts. Es gilt weiterhin eine Steuerfreiheit auf die erzielten Gewinne nach einer Haltefrist von einem Jahr. Werden schon früher Gewinne realisiert, so müssen diese versteuert werden. Eigentlich verhält sich alles genauso wie bei einem Edelmetalllager in Deutschland. Einen kleinen Unterschied zum Vorteil des Anlegers gibt es allerdings doch noch. Auch Silber kann hier umsatzsteuerbefreit erworben werden. Sollten Sie sich allerdings mal dazu entscheiden das Silber nach Hause zu holen, so wird die nachträgliche Abführung der Umsatzsteuer von 19 Prozent auf den Einstandspreis fällig.

## 8. Die Sonderformen der Edelmetalle

Grundsätzlich ist mit Gold und Silber der Großteil der Geldanlage im Edelmetallbereich abgedeckt. Dennoch gibt es drei weitere und tendenziell exotischere Weißmetalle. Generell stellt die Nutzung als Wertspeicher und Tauschmittel nur einen kleinen Teil deren Verwendungszwecke dar. Faktisch handelt es sich um Industriemetalle, bei denen die Geldanlage nicht viel mehr als eine Randnotiz ist.

### 8.1 Platin

Platin ist definitiv das bekannteste Edelmetall unter den Exoten. Vielen Menschen dürfte es durchaus ein Begriff in Verbindung mit dem Thema Geldanlage sein und der ein oder andere Privatanleger besitzt auch mal etwas Platin, auch wenn meist nur in kleinem Umfang.

## Verwendung:

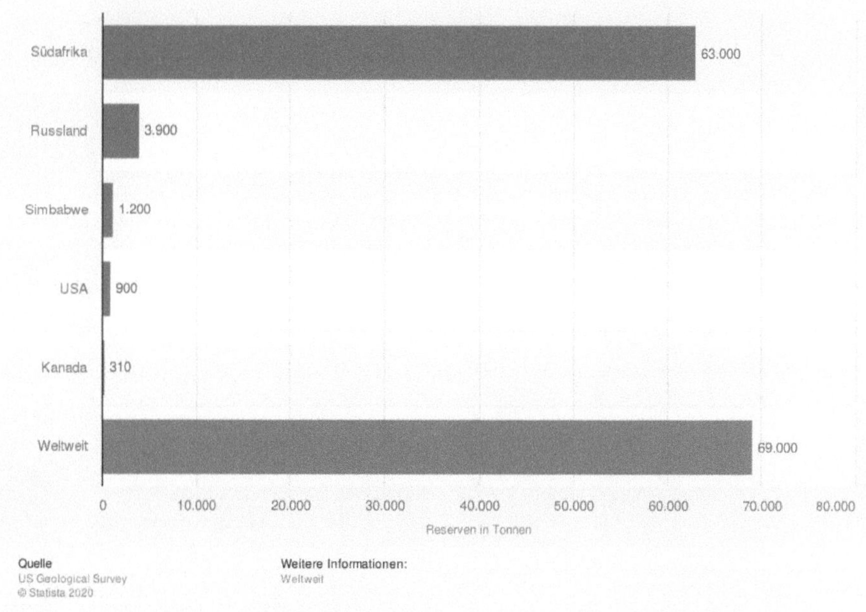


Abb. 13: Platinreserven[14]

Genauso wie Gold und Silber wird auch Platin als Reservewährung von Notenbanken und Regierungen genutzt. Wie diese Statistik aber zeigt, aber nur von Staaten, in denen das Weißmetall sowieso abgebaut wird. Südafrika sticht natürlich hier heraus. In diesem Land wird mehr als die Hälfte des weltweiten Platinbedarfs abgebaut.

Für Regierungen und auch für manche Privatanleger ist es einfach wichtig, dass die Reserven auf möglichst kompaktem Raum

---

[14]Statista (2020): Abb. 13

untergebracht werden können und das ist bei Platin gegeben,
denn es besitzt sogar eine noch höher Dichte als Gold.

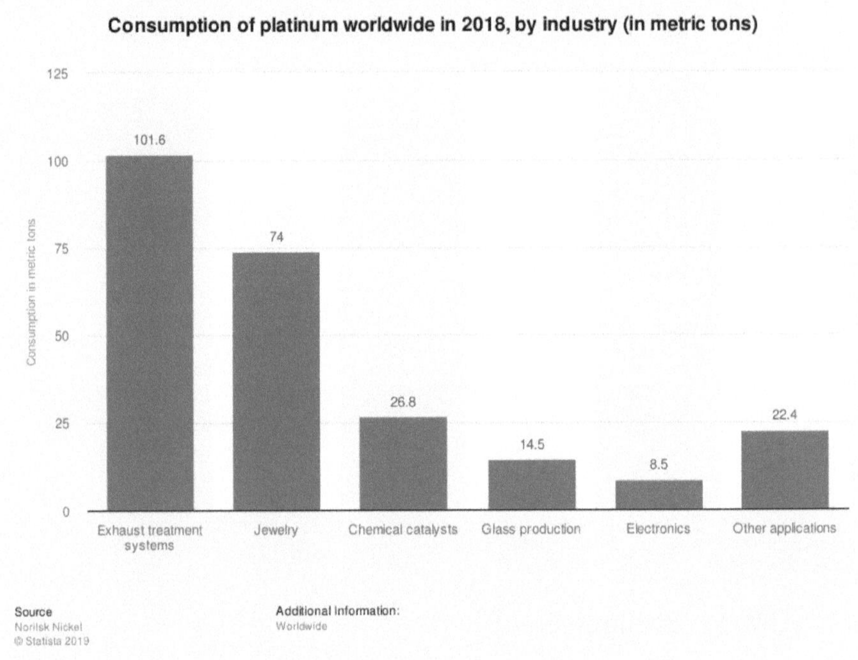


Abb. 14: Industrielle Verwendung von Platin[15]

Die Hauptverwendung von Platin mit guten 80 Prozent findet in
der Industrie und im Schmuckbedarf statt. Allen voran die immer
stärkeren Umwelt- und Abgasnachbehandlungsvorschriften haben dafür gesorgt, dass der Bedarf an Platin stark gestiegen ist.
Es ist eines der essentiellen Materialien bei der Herstellung eines
Katalysators. Wie die zukünftige Nachfrage in der Industrie nach
Platin ist, lässt sich nur schwer prognostizieren, aber eine hohe

---

[15]Statista (2020): Abb. 14

Abhängigkeit von konventionell betriebenen Fahrzeugen hat Platin, Stand heute, auf jeden Fall.

Eine noch sehr neue aber keineswegs unbedeutende Verwendung von Platin ist die Wasserstoffbranche. Zum Einsatz von Wasserstoff egal, ob in Fahrzeugen, Schiffen oder in der Industrie werden Brennstoffzellen zur Freisetzung der Energie benötigt. Für die Herstellung einer Brennstoffzelle für einen PKW werden ungefähr zehn Gramm Platin benötigt. Bei schweren LKWs sogar rund 100.

Ebenso wird für den Bau Elektrolyseanlagen, die aus Strom und Wasser den Wasserstoff erzeugen, wird Platin benötigt. Dies ist der einzige Weg, um tatsächlich sauberen grünen Wasserstoff nutzbar zu machen. Setzt sich also tatsächlich Wasserstoff als der saubere Energieträger der Zukunft durch, so wird die Nachfrage nach Platin ein wohl noch nie da gewesenes Niveau erreichen. Rein technisch gesehen ist der grüne Wasserstoff in der Transformation zu einer wissenschaftlich sauberen Industrie stand heute unumgänglich. Allerdings ist der Bereich der Energieerzeugung und Versorgung weltweit politisch geprägt und in Europa schlichtweg ideologisch, so dass sich heute absolut nicht sagen lässt wo in Zukunft die Reise hingeht.

Als Krisenschutz wird Platin nur in sehr geringem Maße verwendet. Es gibt zwar von einigen Münzen, wie dem MapleLeaf, auch eine Platinversion, doch konnte sich Platin bis einfach nicht als Krisenwährung etablieren. Es gibt noch keinen bekannten Fall in dem Platinmünzen tatsächlich als Tauschmittel eingesetzt wurden. Von daher muss völlig klar sein, dass die Anlage in Platin nur eine Randerscheinung für absolute Edelmetallfans darstellen kann.

**<u>Steuer:</u>**

Beim Thema Steuern hat Platin ein deutliches Nachsehen gegenüber den klassischen Anlagemetallen. Beim Kauf wird die übliche Mehrwertsteuer fällig, die man beim Verkauf nicht erhält, da dieser auf Nettobasis erfolgt (ausgenommen man verkauft an einen anderen Privatanleger auf Bruttobasis). Konkret bedeutet dieser Zusammenhang für den Privatanleger in Kombination mit den Händlermargen, dass der Platinpreis sich vom Kaufzeitpunkt mindestens um 23 Prozent steigen muss, um bei einem möglichen Verkauf zumindest denselben Geldbetrag zu erhalten. Sollten Gewinne erzielt werden, so sind diese, wie bei allen Sachanlagen, nach einer Haltefrist von einem Jahr steuerfrei.
Die Problematik der anfallenden Mehrwertsteuer lässt sich mit einem bereits oben erwähnten zollfreien Auslandslager umgehen. Bei Einführung nach Deutschland werden 19 Prozent Umsatzsteuer auf den Einstandskurs fällig. Eine weitere Option ist der Kauf von Platin auf gewerblicher Basis. Zwar entfällt die Umsatzsteuer bekanntermaßen, aber bei Gewinnrealisierung unabhängig von der Haltedauer werden dann je nach Unternehmensform die entsprechenden Gewinnsteuern fällig.

**<u>Preis:</u>**

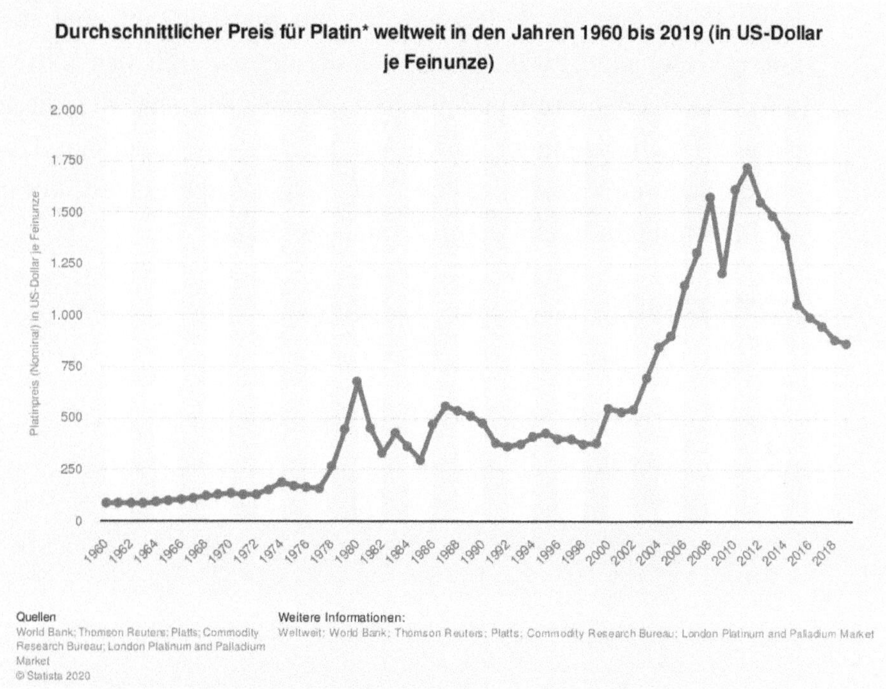


Abb. 15: Preisentwicklung von Platin[16]

Die Preisentwicklung von Platin hängt im Wesentlichen von der industriellen Nachfrage ab. Diese hat in den vergangenen 50 Jahren stark zugenommen. In jüngster Vergangenheit wurde Platin im Hauptnutzungszweck, den Abgaskatalysatoren, von Palladium zurückgedrängt. Anlegern sollte jedenfalls bewusst sein, dass Risiko und Volatilität bei Platin deutlich höher sind als bei Gold und Silber. Der industrielle Nutzen ist der ausschlaggebende Punkt und ist von Einflussfaktoren abhängig, die äußerst schwer einzuschätzen sind.

---

[16]Statista (2020): Abb. 15

## 8.2    Palladium

Beim Palladium als Anlagemetall kann man nur auf eine sehr kurze Geschichte zurückblicken. Vor allem durch den extrem stark gestiegenen Preis in den vergangenen Jahren hat sich dieser Rohstoff mehr und mehr ins Blickfeld der Anleger gedrängt. Und wurde dadurch von den ersten Anleger ins Auge gefasst, um es als Investmentmöglichkeit in Betracht zu ziehen.

**<u>Verwendung:</u>**

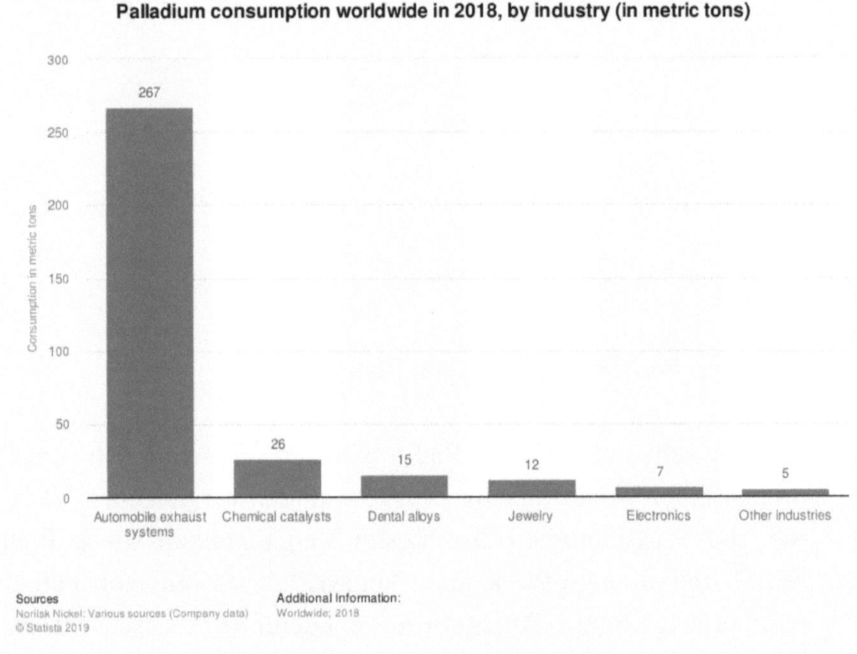


Abb. 16: Industrielle Verwendung von Palladium[17]

---

[17]Statista (2020): Abb. 16

Palladium wird nahezu ausschließlich für industrielle Zwecke eingesetzt. Der Anteil zu Anlagezwecken ist eigentlich zu vernachlässigen. Mit dem MapleLeaf und dem Cook Island gibt es nur zwei nennenswerte Anlagemünzen in einer Palladiumausgabe.

Die Hauptverwendung ist ebenso wie bei Platin die Abgasnachbehandlung und die allgemeine Herstellung von Katalysatoren. Hierbei hat Palladium in den vergangenen Jahren dem Platin etwas den Rang abgelaufen, was sich folglich im starken Rückgang des Platinpreises bemerkbar macht. Für die meisten technischen Anwendungen besitzt Palladium die etwas besseren Eigenschaften als Platin und ist somit in der industriellen Verwendung schlichtweg attraktiver, solange die Preise ein vertretbares Niveau haben.

Für die Zukunft bietet vor allem der Bereich der Elektrotechnik noch einiges an Potential für den Einsatz von Palladium sowie Platin. Eine Prognose über zukünftige Entwicklungen an dieser Stelle ist leider schlichtweg nicht möglich. Anlegern sollte jedoch klar sein, dass durch die Substituierbarkeit von Platin und Palladium die beiden Edelmetalle eine starke Abhängigkeit voneinander haben. In der Tendenz wird sich dies immer wieder in einer negativen Preiskorrelation niederschlagen.

**Steuer:** Vgl. Platin

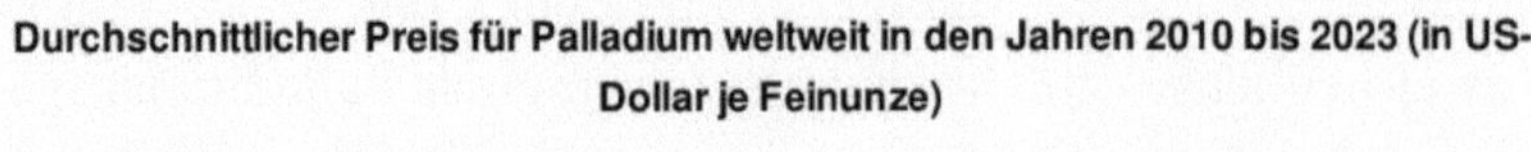


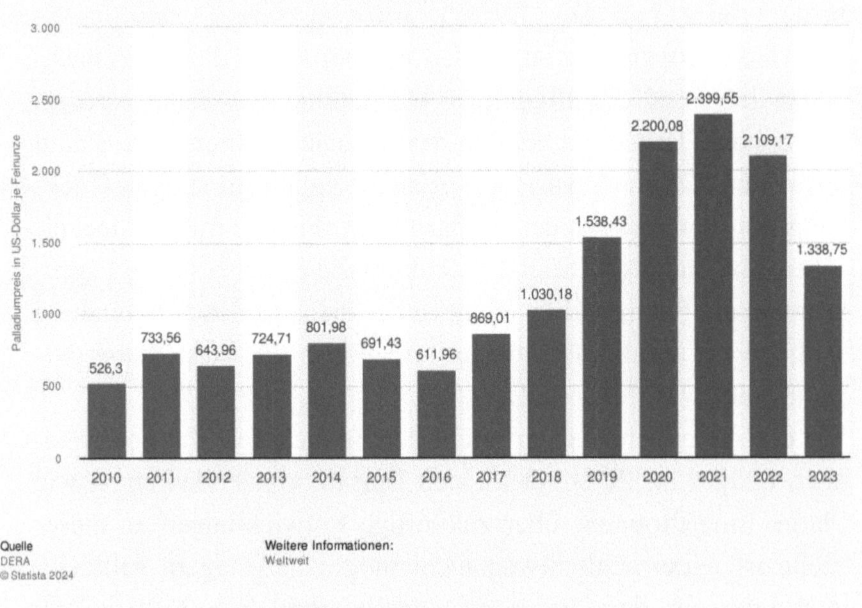


Abb. 17: Preisentwicklung von Palladium[18]

Der Preis für Palladium ist in den vergangenen Jahren durch den hohen Bedarf an Abgasnachbehandlungssystemen extrem gestiegen. Dies birgt natürlich eine sehr hohe Abhängigkeit von diesem Markt mit sich. Es ist wohl kaum ein Abreißen dieses Trends zu erkennen, solange es noch klassische Verbrennungsmotoren gibt. Und genau hier liegt das Risiko. Es ist sehr wahrscheinlich, dass langfristig die klassischen Verbrenner durch die

---

[18]Statista (2024): Abb. 17

E-/ und Wasserstoffmobilität ersetzt werden und dann wird auch die Nachfrage nach Abgasnachbehandlungssystemen sinken. Es sei mal dahingestellt ob und in wie weit diese Entwicklung sinnvoll und richtig ist. Fakt ist jedoch das dieser Weg weltweit politisch stark verfolgt wird.

Es bedarf also eines völlig neuen Verwendungszweckes oder einer deutlich gesteigerten Nachfrage aus dem Bereich der Elektrotechnik, um den Preis langfristig auf ein höheres Niveau zu heben.

Der große Zukunftsmarkt der Elektrolysen und Brennstoffzellen wie es wohl Platin bevor steht, wird es beim Palladium in diesem Ausmaß wohl nicht geben. Es kann Palladium in diesen technischen Konzepten zu einer erfolgreichen Umsetzung zwar verwendet werden, jedoch ist Platin deutlich besser geeignet. Von diesem Markt wird Palladium nur dann nennenswert profitieren können, wenn dieser Markt entsprechend hohe Nachfrage erfährt und Platin so teuer wird, dass es zwangsläufig durch Palladium substituiert werden muss.

## 8.3 Rhodium

Rhodium wird noch nicht an den internationalen Finanzmärkten gehandelt und ist für Privatanleger auch kaum zu bekommen. Eine Erwähnung hat dieses Edelmetall aber dennoch verdient. Schließlich ist es vor allem für die zukünftige Entwicklung der Preise von Platin und Palladium relevant. Wie bereits erwähnt, ist hier vor allem die Nachfrage aus verschiedenen Technologiebereichen entscheidend. Wichtig zu wissen für die Edelmetallanleger: Rhodium kann das, was die anderen auch können, nur etwas besser und noch vieles mehr. Allen voran bieten sich weitere Anwendungen in der Elektrotechnik. Das hat in den vergangenen Jahren dem Preis einen enormen Auftrieb verliehen. Von 2016 bis Anfang 2020 ist der Preis für ein Kilogramm Rhodium von ca. 15.000 € auf über 150.000 € gestiegen. In der Spitze lagen die Preise sogar kurzeitig bei mehr als einer viertel Million. Aktuell steht Rhodium bei etwa 140.000 €/kg (08/2024). Solche Preisentwicklungen sind für Rohstoffe sehr ungewöhnlich und haben einen Seltenheitswert.

Getrieben durch die Preisrally wird schlussendlich auch der Druck auf die Bereitstellung von Rhodium als Anlagemetall durchaus größer. Schließlich lässt sich durch den sehr hohen Kilopreis bei Rhodium noch viel mehr „Wert" in kompakter Form speichern, als bei den anderen Edelmetallen.

Völlig unabhängig davon, ob sich in Zukunft bei Rhodium ein adäquater Anlagemarkt entwickelt wird oder nicht. Es bleibt auf absehbare Zeit hinweg sicherlich ein Investment, das für Privatanleger schlichtweg nicht sinnvoll ist.

# 9. Bitcoin: Das neue Gold?

Seit dem großen Kursprung des Bitcoins und sämtlichen anderen Kryptowährungen im Jahr 2018 wird immer wieder die heiße Diskussion angestoßen, ob diese denn nicht das neue „digitale Gold" seien. Manche Meinungen gehen sogar soweit, dass die dezentralen Kryptowährungen das physische Gold und Silber als sichere Häfen für Krisen gar gänzlich ablösen werden oder es bereits getan haben.

Der Bitcoin hat durchaus einige Gemeinsamkeiten mit Gold, die den Anlass zu einer Gleichstellung geben. Beide „Güter" sind limitiert. Diese Begrenzung ist bei Gold natürlich bedingt und bei Kryptowährungen mathematischer Herkunft. Man kann zumindest einen Teil besitzen, ohne dass es regierungsnahe Institutionen wissen und das auf legale Weise. Wobei man ganz klar erwähnen muss, dass man Gold theoretisch bis zu einer unbegrenzten Menge anonym besitzen kann. Kryptowährungen sind schlichtweg viel transparenter als Gold, was schlichtweg notwendig ist, um dieses dezentrale „Geldsystem" zu ermöglichen. Und eben genau diese Transparenz wiederum hat aber den Nachteil, dass die Anonymität entsprechend eingeschränkt. Ich weiß viele Verfechter der Krypotwährungen heben genau diese angebliche Anonymität, die der Bitcoin mit sich bringen soll als großen Vorteil hervor. Ja das wäre ein großer Vorteil. Fakt ist jedoch, dass die der Bitcoin eben weitaus weniger anonym ist als gemeinhin angenommen. Jede Bargeldzahlung beim Bäcker um die Ecke ist anonymer als eine Transaktion über eine Blockchain. Verkaufsgewinne bei Kryptowährungen sind wie bei Gold und Co nach einer Haltefrist von einem Jahr steuerfrei. Allerdings gibt es aktuell ein starkes politisches Bestreben dies in Zukunft aufzuheben und europaweit Gewinne auf Kryptowährungen zu versteuern.

Es gibt aber auch deutliche Differenzen zwischen Kryptowährungen und Gold. Den Mythos der ewigen Währung trägt der Bitcoin noch lange nicht mit sich, ganz im Gegenteil. Selbst die meisten aktuell existierenden Papiergeldwährungen haben schon eine vielfach längere Historie. Zudem ist auch die weltweite Akzeptanz als werthaltiges Zahlungsmittel bei den Kryptowährungen noch nicht allzu hoch. Sicherlich wird sich diese in den kommenden Jahren noch massiv ändern, jedoch wird die Akzeptanz lange Zeit weit hinter der von Gold und Silber zurückbleiben.

Eine weiter erhebliche Differenzist die nicht physische Präsenz der Kryptowährungen. Das enorme Sicherheitsgefühl, welches Edelmetalle den Menschen vermittelt, kommt zu einem großen Teil von der Tatsache, dass es sich anfassen lässt. Und bei Strom- oder Internetausfällen wird die rein digitale Präsenz des Bitcoins zu einem echten Problem. Die Wahrscheinlichkeit eines dauerhaften Blackouts ist natürlich sehr gering, würde aber den Bitcoin völlig nutzlos machen. Vermutlich würde schon ein kurzer Ausfall oder eine Instabilität des Internets dazu führen, dass die Vertrauensbasis des Bitcoins nachhaltig geschädigt wird.

Zuletzt besitzen Kryptowährungen noch keine allzu lange Historie, in der man das Krisenverhalten betrachten könnte. Gold erwies sich in sämtlichen Krisen als stabiler Rückhalt oder gar als Turbo für das eigene Vermögensportfolio. In der jüngsten Corona-Krise und der darauf folgenden weltweiten Inflationswelle war das ebenso der Fall. Und was passierte hingegen bei den Blockchain-Währungen? Sie brachen sogar noch schneller als die Aktienmärkte ein und verloren in der Spitze rund 60 Prozent. Nach nur wenigen Wochen setzte zwar durch die Geldschwemme der Notenbanken eine schnelle Erholung ein, von einer Krisenfestigkeit kann man hier aber dennoch nicht sprechen.

Abschließend lässt sich die These klar widerlegen. Der Bitcoin ist definitiv kein Goldersatz. Sicherlich kann das in einigen Jahren etwas anders aussehen. Eine gänzliche Ablösung von Gold und Silber als die absoluten Krisensicherungen wird es durch Kryptowährungen allerdings wohl niemals geben. Das schließt natürlich eine kleine Investition in diesem Bereich als Beimischung in der persönlichen Vermögensaufstellung nicht aus. Kryptowährungen haben ganz klar ihre Daseinsberechtigung und sie müssen in jedem guten Anlageportfolio zumindest als Option in Erwägung gezogen werden.

# 10.    Das geeignete Anlageportfolio

Eine sehr häufig gestellte Frage von Privatanlegern ist verständlicherweise wie das eigene Anlageportfolio nun aussehen soll. Grundsätzlich kann man so etwas nicht pauschal beantworten. Es hängt sehr stark von persönlichen Präferenzen und der eigene Risikobereitschaft ab. Generell sollte man zunächst zwischen dem gesamten Anlageportfolio und dem Edelmetallanteil innerhalb des Gesamtportfolios unterscheiden.

## 10.1 Allgemeines Portfolio

Wie viel ein Anleger seines Privatvermögens in Edelmetalle investieren möchte, hängt zuallererst von der eigenen Erwartung ab. Genügen beispielsweise schon knapp fünf Prozent Rendite pro Jahr so kann man ruhig bis zu einem Drittel der eigenen Mittel in diesem Bereich investieren. Mehr sollte es aber unter keinen Umständen sein, da schlichtweg die Renditeerwartungen von Edelmetallen schlechter sind, als die anderer Anlageklassen und sie dennoch einer relativ hohen Volatilität in normalen Marktphasen unterliegen.

Grundsätzlich halte ich es jedoch für sinnvoller einen sehr hohen Anteil der Portfolioallokation auf die renditestarken Anlageklassen Aktien, Grundstücke und Immobilien zu setzten. Vor allem Aktien bieten langfristig die höchsten Ertragschancen. Zumindest war dies in den vergangenen 150 Jahren der Fall und aktuell gibt es auch keine Anzeichen einer Änderung. Daher sollten Aktien und Unternehmensbeteiligungen den Löwenanteil des Anlageportfolios ausmachen. Zwischen 50 und 90 Prozent ist ein sinnvoller Anteil.

Edelmetalle sollten in einem rational aufgebauten Portfolio eher als eine Absicherung genutzt werden, da diese in der Regel dann gut laufen, wenn bei den renditestarken Anlageklassen schwierige Zeiten herrschen. Zwischen fünf und zwanzig Prozent der verfügbaren Gelder in Edelmetalle anzulegen ist ein guter Wert, der eine Mischung aus Sicherheit und attraktiven Renditen ermöglicht in Bezug auf das Gesamtportfolio.

Auch exotische Anlagen wie Whisky, Gemälde oder Oldtimer können eine gute Beimischung sein. Hierbei sollte der Anleger allerdings ein entsprechendes Faible und Knowhow mitbringen.

Letzteres gibt es da noch die Geldeinlagen (Tagesgeld, Festgeld), festverzinsliche Wertpapiere und Versicherungen. All diese Möglichkeiten haben drei Gemeinsamkeiten: Die Privatanleger haben viel zu viel davon, die Ertragserwartung ist sehr gering (nicht nur in der Niedrigzinsphase) und das Risiko ist deutlich höher als die vorherrschende Meinung annimmt. Tun Sie mir bitte einen Gefallen und legen Sie nicht allzu viel ihres hart erarbeiteten Geldes in diesen Anlageklassen an.

## 10.2 Edelmetall-Portfolio

Beim Edelmetallanteil selbst gibt es noch zwei Unterschiede zu beachten. Die angestrebten fünf bis zwanzig Prozent des eigenen Anlagevolumens beziehen sich nur auf Gold und Silber. Die anderen in diesem Werk thematisierten Rohstoffe sind allen voran von industrieller Nachfrage abhängig und sind eher im Bereich der exotischen Anlagemöglichkeiten einzuordnen und nur etwas für absolute Enthusiasten.

Silber gilt generell als etwas riskanter und zugleich chancenreicher als Gold. Entscheidend für die Menge ist für viele allerdings die Lagerung. Wer sich aktuell entscheidet 10.000 € in physischem Silber anzulegen, kann sich gleich mal Gedanken machen, wie und wo man sicher rund 15 Kg Metall lagern könnte. Dieselben Gelder in Gold wären gerade einmal 150 g. Aus diesem Grund und der höheren Sicherheit ist es empfehlenswert, das Hauptaugenmerk auf Gold zu legen. Eine Aufteilung von 80 Prozent in Gold und 20 in Silber gilt als allgemeine Faustregel. Eine reine Anlage in Gold ist aber sicherlich auch als sinnvoll einzustufen. Schließlich ist Gold das eigentliche Edelmetall schlechthin und alle anderen Edelmetalle sind indirekt auch von der Preisentwicklung des Goldes abhängig. Zudem verkörpert auch Gold den Aspekt der Sicherheit am besten. Die anderen Edelmetalle sind bedeutend volatiler und riskanter als Gold. Von daher gilt die Prämisse: Eine reine Anlage in Gold ist möglich, aber ein Edelmetallportfolio ohne Gold ist töricht.

Ob man sich letztlich für ein physisches Investment oder Wertpapiere entscheidet, ist letztlich stark von der eigenen Situation und den persönlichen Präferenzen abhängig. Es ist völlig klar, dass für die meisten Menschen die Vorteile des Papiergolds überwiegen dürften und daher bevorzugt diese Variante wählen werden. Wie so oft im Leben ist bei entsprechenden finanziellen Möglichkeiten der Mittelweg das Beste und eine Mischung aus beidem bietet sich an. Eines möchte ich jedoch jedem Leser an dieser Stelle nahelegen: Der Anfang sollte in physischer Form gemacht werden und zumindest ein kleiner Teil sollte dauerhaft in physischer Form gehandhabt werden.

# 11.     Die größten Fehlerquellen beim Investieren in Edelmetalle

Nun möchte ich mich gegen Ende des Buches einem etwas unschönen Thema widmen, welches aber dennoch sehr wichtig ist: Den Fehlern, die es zu vermeiden gilt, bei der Geldanlage in Edelmetallen.

**Der Glaube Edelmetalle seien eine renditestarke Geldanlage:** Wie bereits im Buch an mehreren Stellen aufgezeigt, handelt es sich bei Investments in Edelmetallen, allen voran in Gold, um keine Renditeraketen. Das ist kein Problem. Schließlich sollen sie dies auch gar nicht sein, sondern viel mehr eine Risikoabsicherung und Diversifikation zu den langfristig gewinnträchtigeren Assetklassen wie Immobilien, Anleihen und allen voran Aktien.

Leider wollen dies aber dennoch viele Anleger nicht wahrhaben und glauben daran, dass sie mit Gold realistische Aussichten auf eine Vervielfachung des eingesetzten Kapitals in einigen Jahren haben. Dieser Wunschgedanke nimmt teilweise bei radikalen Anhängern dieser Theorie schon ein sektenhaftes Verhalten an. Lassen Sie sich von den Goldfanatikern keines Falls anstecken und bleiben sie rational.

Generell gilt bei allen Anlageklassen: Mit realistischen Zielen und Gewinnmöglichkeiten rechnen, sonst wird man am Ende nur bitterböse enttäuscht. Mehr als vier Prozent Rendite vor Inflation langfristig von Gold zu erwarten wäre schlichtweg irrational.

**Als Europäer den Fokus auf hiesige Anlagemünzen legen:** Das ist natürlich eine Gefahr, die nur den physischen Investor in Edelmetallen betrifft und leider äußerst oft auftritt. Im Fachjargon der Investmentbranche nennt man so etwas einen *„Home-Bias"*. Damit ist eine überaus große fokussierte Verteilung des investierten Kapitals auf die einheimischen und die einem persönlich meist auch besser bekannten oder vertrauteren Anlagemöglichkeiten gemeint.

Dieses Verhalten ist unter anderem auch bei Aktien bei sehr vielen Anlegern verbreitet. Dazu muss man leider sagen, dass es schlichtweg ein Fehverhalten ist in welcher Anlageklasse auch immer.

Betrachten wir uns einfach mal als Europäer, um einen etwas ganzheitlicheren Blick auf die Sache zu haben, zumal auch Europa, allen voran der Euroraum, in den letzten Jahren doch sehr eng zusammengewachsen ist.

Ist man hierzulande Arbeitnehmer, so hat man meist nicht nur den Arbeitsplatz in Deutschland, sondern auch der Arbeitgeber seinen Sitz in Deutschland. Dazu vielleicht noch ein Eigenheim, eine Wohnung oder ein Grundstück. Heißt also im Umkehrschluss: Dort wo man lebt und arbeitet, hat man nur aufgrund dieser Tatsache schon sehr viel seines Kapitals gebunden. Das führt wiederum zu einer hohen Anfälligkeit für lokale Probleme.

Aus Sicht der Risikostreuung ist es also mehr als empfehlenswert sich bei mobilen Anlagen wie auch Edelmetalle sie sind, sich bevorzugt an die weit entfernten Münzen aus Übersee zu halten. Das sorgt für eine erhebliche Streuung des Risikos. Sicherlich nicht so stark wie bei der Aktienanlage, aber zumindest ein wenig. Des Weiteren ist bekanntlich ein Hauptgrund für die Investition in physische Edelmetalle die Vorsorge gegenüber absolut katastrophalen Krisen. In solch einer Situation weiß man wie wo es einen am Ende auf dem Erdball hin verschlägt. Unter weltweiter Betrachtung genießen der American Eagle, der Krügerrand

und der MapleLeaf natürlich eine weitaus größere Anerkennung als etwa der österreichische Wiener Philharmoniker oder die unter Privatanlegern sehr beliebte Arche Noa.
Ich bitte Sie daher: Legen Sie den Fokus auf die großen international bekannten Anlagemünzen.

**Physische Edelmetalle bei der Hausbank kaufen:** Wenn Sie zufrieden mit der eigenen Hausbank vor Ort ist, so ist das eine super Sache. Sie können sich glücklich schätzen, viele andere werden wahrscheinlich nicht in dieser komfortablen Situation sein. Deswegen müssen Sie aber noch lange nicht Ihre ganzen Edelmetalleinkäufe bei dem Bankberater Ihres Vertrauens tätigen. Es ist einfach zu teuer. Hier und da kann man sicherlich mal ein Münzen bei der Hausbank kaufen. Den Großteil, sollte man allerdings bei Edelmetallfachhändlern oder bei den jeweiligen Landesbanken kaufen.
Das Edelmetallgeschäft ist bei den klassischen Banken einfach nur ein kleines Nischengeschäft und es wird viele Wochen im Jahr geben, in dem diese kein einziges Edelmetallgeschäft abwickeln. Es ist einfach nicht deren primäres Geschäftsfeld. Daher hat es dieselben Folgen wie in jeder anderen Branche: Verhältnismäßig hohe Kosten. Auch wenn Sie ein Stammkunde sind, werden sie höchstwahrscheinlich keine Spezialkonditionen auf den Erwerb von Edelmetallen erhalten, sondern müssen die hohen Kosten tragen. Dies spiegelt sich dann meistens in etwa 2-5 % höheren Preisen wider. Bei den Landesbanken und natürlich bei den Edelmetallhändlern steht das Geschäft mit physischen Münzen und Barren deutlich mehr im Vordergrund. Es werden tagtäglich derartige Geschäfte abgewickelt, was wiederum zu

niedrigeren Kosten führt, wovon natürlich zu einem gewissen Anteil auch der Edelmetallanleger profitiert.

Des Weiteren gibt es bei den Hausbanken noch das Problem, dass dort die aktuelle Bargeldobergrenze von 2.000 € für Tafelgeschäfte hinfällig ist. Denn diese gibt es dort schlichtweg nicht. Im Regelfall werden dort physische Edelmetalltransaktionen über das Girokonto abgewickelt und sind somit rein technisch nicht anonym möglich.


**Den Unterscheid zwischen Sammler und Anleger zu erkennen:** Grundsätzlich ist der Unterscheid zwischen Sammlermünzen und Anlagemünzen relativ leicht zu erkennen. Die im Kapitel der Münzen angesprochenen Bullionmünzen sowie der Schweizer Vrenelli sind im Bereich der Anlagemünzen zuzuordnen. Die australische Lunar-Serie und der Somalia Elefant stellen einen Graubereich dar, der weder dem einen noch dem anderen Lager konkret zuzuordnen ist.

Alle anderen Münzen, und das ist tatsächlich der Großteil, sind reine Sammlermünzen und haben mit einer Investition oder Geldanlage relativ wenig zu tun, sondern vielmehr mit einem schönen Hobby. Klar, sind diese auch aus Gold bzw. Silber hergestellt und somit in direktem Zusammenhang zur Preisentwicklung am Edelmetallmarkt. Jedoch gilt festzuhalten, dass je spezieller und ausgefallener eine Münze oder auch ein Barren ist, desto geringer ist der Einfluss der Preisentwicklung von den Edelmetallmärkten auf diese Münzen.

Es ist absolut nichts gegen solch ein schönes Hobby des Münzsammelns einzuwenden, jedoch verliert der ein oder andere Einsteiger schnell mal den Fokus vor lauter schöner, seltener Münzen und vergisst, dass die Intention eigentlich die Geldanlage war und nicht die Erweckung einer Sammelleidenschaft.

Natürlich ist es auch möglich, dass Sie sich beiden Bereichen widmen. Also dem Sammeln und dem Anlegen. Jedoch sollten Sie in diesem Fall die Bereiche strikt voneinander trennen, um die Lage unter Kontrolle halten zu können.

**Barren statt Münzen kaufen:** Ein häufig verbreitetes Phänomen, welches zwingend vermieden werden sollte. Klar, es ist der Grundgedanke nachvollziehbar, dass bei größeren Stückelungen auch die Kosten je Gramm niedriger sind. Sparen wollen wir ja schließlich alle gerne. Egal ob es sich um eine Investition oder eine Konsumausgabe handelt, das Gefühl etwas gespart zu haben oder gar ein Schnäppchen gemacht zu haben lässt bei uns allen die Herzen höherschlagen.

Jedoch gilt im Edelmetallbereich nicht zwangsläufig die Devise: Je größer die Stückelung, desto geringer der Grammpreis. Bei den Prägekosten für Münzen und Barren spielt auch die Auflagenzahl eine erhebliche Rolle. Dabei gilt natürlich je größer die Produktionsmenge, desto geringer die Stückkosten. Bei Gold und genauso bei Silber, werden in der physischen Anlage unter weltweiter Betrachtung vor allem die eine Unze als Münze geprägt.

Zwar ist es bei Gold wie auch bei Silber so, dass ab sehr großen Einheiten wie 500 Gramm bzw. einem Kilogramm, die Preise je Gramm geringer ausfallen. Allerdings ist der Spareffekt hierbei sehr gering und hat langfristig keinerlei Einfluss auf die Geldanlage. Vielmehr sollte hierbei bedacht werden, dass Sie eventuell aus welchen Gründen auch immer einmal einen Teil Ihres Portfolios liquidieren möchten oder es gar zum Einsatz als Zahlungsmittel benötigen. In beiden Fällen ist es nicht gerade hilfreich, wenn man einen fünf Kilobarren Silber sowie einen ein Kilobarren in Gold im Safe liegen hat.

Des Weiteren muss auch bedacht werden, dass unabhängig von der gewünschten Veräußerungsmenge, Stückelungen in einer Münze, bevorzugt eine Unze, viel leichter einen Käufer findet.

Bei Gold sind auch Stückelungen, je nach Budget, 1/10, 1/4 und 1/2 Unze sinnvoll. Bei Silber hingegen geht nichts über die klassische Feinunze. Die höheren Kosten je Gramm die eine Goldmünze im Vergleich zu einem großen Goldbarren im Einkauf hat, geht im Übrigen sowieso nicht verloren. Die höheren Einstiegskosten bleiben in ihrem Investment sozusagen gespeichert, da eben auch beim Wiederverkauf die Feinunze einen höheren Grammpreis erzielen wird, als ein Kilobarren.

**Physische Edelmetalle kurzfristig oder mit kleinen Gewinnen zu liquidieren ist töricht:** Ein generelles Problem beim Verhalten von Privatanlegern in der Geldanlage ist die zu frühzeitige Liquidation von Investitionen. Oder genauer gesagt der generelle Verkauf von erfolgreichen Investitionen. Klar, es ist verlockend einen Gewinn mitzunehmen, wenn sich das Goldinvestment innerhalb eines Jahres um 20 Prozent im Wert gestiegen ist.

„Diesen Gewinn nun besser sichern und Kasse machen. Außerdem kann dieser ja nach einem Jahr Haltefrist auch steuerfrei eingestrichen werden." So die typische Denkweise der Privatanleger.

Sicherlich sind 20 Prozent eine schöne Sache und diese innerhalb nur eines Jahres ist noch viel bemerkenswerter und deutlich besser als die langfristige zu erwartende Performance. Keine Frage. Jedoch muss ich leider an dieser Stelle nun die positive Stimmung vermiesen. In der langfristigen Geldanlage sind 20 Prozent ein lächerlich niedriger Gewinn. Im kurzfristigen Daytrading ist es sicherlich sinnvoll immer wieder Gewinne einzustreichen. Jedoch ist jedem Privatanleger klar, dass die Investition in physische Edelmetalle absolut nichts mit Daytrading zu tun hat. Dementsprechend sollte man dann auch nicht so handeln, als sei man gerade im Daytrading unterwegs.

In der langfristigen Geldanlage strebt man grundsätzlich „unbegrenzte Gewinne an". Natürlich werden auch hier nicht die Bäume in den Himmel wachsen. Man muss hier den Blinkwinkel ändern. Bei langfristigen Investitionen gibt es keine konkreten Gewinnziele, bei denen eine Position liquidiert wird. Der Blinkwinkel muss ein ganz anderer sein.

Es ist zum jetzigen Zeitpunkt, wann auch immer dieser sein mag, völlig egal, ob sich die Geldanlage bereits verdoppelt hat, halbiert hat oder noch ziemlich genau da steht wo man vor drei Jahren eingestiegen ist. Die Frage nach dem Verkaufszeitpunkt muss unabhängig von der bisherigen Performance sein. Es muss die Frage gestellt werden: Ist aus aktueller Sicht mit Blick in die Zukunft ein Kauf oder ein Verkauf sinnvoller für die persönliche Geldanlage? Je nach dem wie die Antwort auf diese Frage lautet, ist zu handeln und keines Wegs anders.

Des Weiteren sollte man sich vor dem Verkauf von physischen Edelmetallen noch einmal vor Augen führen aus welchen Gründen man diese Investition getätigt hat. Sicherlich war darunter auch das Argument eine Investition durchzuführen, die auch im schlimmsten Krisenfall noch werthaltig ist. Warum sollte es jemals eine Grund geben die letzte Instanz der Krisenvorsorge verkaufen ohne das die Krise da ist? Nun diesen Grund kann es rein definitorisch eben gar nicht geben. Solange die absolute Krise nicht ausgebrochen ist und man auch in keiner persönlichen Krise steckt gibt es keinen logischen Grund die physischen Edelmetallbestände aufzulösen.

**Das Kaufen von Sonderangeboten zu scheinbar sehr niedrigen Preisen:** Immer wieder sieht man in Zeitungen, Zeitschriften, Online oder sogar mal direkt per Briefwerbung Annoncen für scheinbar super tolle Sonderangebote zu sagenhaften Rabatten. Dort handelt es sich dann meisten um streng limitierte Auflagen von extrem kleinen Barren im Bereich von sogar weit unter einem Gramm oder Euro-Sammlermünzen, die einen gewissen Gold- bzw. Silberanteil enthalten. Meist werden sie noch als Sonderausgaben oder Gedenkmünzen bezeichnet. Hinzu wird noch ein UVP von beispielsweise 149,99 € angegeben, „aber Sie als treuer Leser erhalten diese Sonderausgabe nun zum Schnäppchenpreis von 69,99 €." Spätestens jetzt müssen alle Alarmglocken angehen. Sie werden bei der Annahme eines solchen Schnäppchens mit Garantie über den Tisch gezogen. Es ist völlig ausgeschlossen im Bereich der Edelmetalle, egal ob Münzen oder Barren, solche Rabatte anzubieten. Die Margen von Edelmetallhändlern liegen zwischen 2 und 4 Prozent im Regelfall. Derartige Rabatte auf einen angeblichen UVP sind ganz einfach nicht umsetzbar.

Wenn Sie nun bei diesem Beispiel hergehen würden und den echten Materialwert ermitteln, so würden sie vermutlich einen Wert zwischen 15 und 30 Euro feststellen können. Und das ist auch maximal das, was Sie bekommen würden, wenn Sie sich irgendwann mal von dem guten Stück trennen würden. Unter der

Voraussetzung Sie finden überhaupt jemanden, der Ihnen das Ding abkaufen möchte. Da braucht man eine Menge Glück dazu. Einen Krügerrand oder einen Maple Leaf können Sie fast zu jeder Zeit an fast jeder Ecke der Welt wieder zu Barem machen. Also: Äußerste Vorsicht bei diesen Superschnäppchen.

# 12 Aktueller Ausblick 2024/2025

Zum Abschluss des Buches möchte allen Leserinnen und Lesern nun noch einen aktuellen Ausblick auf die Edelmetallmärkte und deren jüngsten Entwicklungen geben.


Zunächst einmal einen Blick auf den allgemeinen Edelmetallmarkt: Es ist weitläufig bekannt, dass die Corona-Krise bzw. vielmehr die Maßnahmen der Regierungen, um diese zu bekämpfen weiterreichende Folgen haben, die noch lange nicht ausgestanden sind. Als Anleger und Investor ist es aus unserer Sicht nun in erster Linie nicht relevant über die Maßnahmen zur Bekämpfung der Pandemie zu diskutieren und diese zu bewerten. Vielmehr geht es darum den Fokus auf die wirtschaftlichen Konsequenzen zu legen.

Die Entscheidungen der Politik die Wirtschaft bis auf eine minimale Funktion herunter zu fahren hatte und hat nicht nur für das persönliche Leben weitreichende Konsequenzen, sondern allen voran langfristige Auswirkungen auf die Wirtschaft und die Finanzmärkte. Um den enormen Wirtschaftseinbruch abzufedern haben die Notenbanken weltweit in einem bisher nie da gewesenen Ausmaß eingegriffen und die Märkte im wahrsten Sinne des Wortes  mit Geld geflutet.  Auch die Fiskalpolitik hat die Geldschleusen weit geöffnet.  Viel neues Geld ist von den Staaten weltweit ohne einen Gegenwert wie Güter, Dienstleistungen oder Arbeit in den Umlauf gebracht worden. Vor allem durch Kurzarbeitergeld hierzulande oder Consumer-Checks in den USA. Es wurden Milliarden an Helikoptergeld ausgegeben und in Deutschland und Europa wird dies nach wie vor immer noch betrieben, da die Kurzarbeit schließlich mittlerweile zu einem Dauerzustand geworden ist.

Als Anleger können wir uns nur an die Fakten halten und daraus die richtigen Schlüsse ziehen. Eine Erhöhung der Geldmenge, ohne dabei die Produktivität oder die Menge der produzierten Güter zu erhöhen, führt unweigerlich auch immer zu höheren Preisen. Das Auftreten dieser Folge war bereits 2020 schon klar und hat sich 2022 auch in den Zahlend er Verbraucherpreisinflation niedergeschlagen. Diese umfasst etwa Lebensmittel, Energie, Wohnen und Mobilität. Gold bzw. Edelmetalle im Allgemeinen stellen eigentlich keinen Inflationsschutz dar, sondern nur einen vermeintlichen. Dieser Zusammenhang ihnen nach dem Studieren dieser Lektüre nun bekannt. Das schönste dabei ist: Die gelernte Theorie können sie nun in der Praxis gerade hautnah beobachten. Die Inflation war sehr  hoch und dadurch sind die Notenbanken gezwungen worden die Zinsen hinaufzuschrauben. Zudem wird durch Bilanzverkürzungen die Liquidität in den Märkten massiv reduziert. Der Goldpreis musste unweigerlich fallen und genau das konnten wir im Jahr 2022 gut beobachten. Aus Sich der EU-Bürger halten sich die negativen Folgen für die Edelmetallpreise aber offensichtlich in Grenzen. Das liegt vor allem am schwachen Eurokurs, was die in Dollar gehandelten Rohstoffe in auf Eurobasis erheblich stabiler hält.

Im Februar 2022 ist bekanntermaßen der Krieg in der Ukraine ausgebrochen. Krieg sorgt im Regelfall für jede Menge Unsicherheit. Dann müssten in dessen Folge die Preise für Edelmetalle steigen? Wie sie sehen mit Blick auf das Jahr 2022 ist dem nicht wirklich so. Wie bereits an vorheriger Stelle im Buch thematisiert fließt das Geld bei Schocks für Wirtschaft und Gesellschaft vor allem in den US-Dollar und nur sekundär in die Edelmetallmärkte.

Der Faktor der Zinsanhebungen und Liquiditätsverknappung wirkt auf die Edelmetallmärkte wesentlich stärker ein, als die diversen geopolitischen Probleme. Dies ist kein neues Phänomen, sondern schlichtweg der übliche Kreislauf an den Kapitalmärkten.

Im Jahr 2023 wiederum hat der Goldpreis eine wahrhaftige Rally hingelegt und ein neues Allzeithoch erreicht. Auch hier konnte man erkennen wie wichtig die Realzinsentwicklung bzw. die Erwartung der Entwicklung von Zins und Inflation ist. Die erwarteten Zinssenkungen für das Jahr 2024 waren der entscheidende Faktor, welcher den Goldpreis nach oben getrieben hat. Diese Aussicht dürfte auch den Goldpreis 2024 weiter stabilisieren. Finanzmärkte blicken immer einige Monate oder Jahre in die Zukunft. Der Goldpreis läuft den Zinserhöhungs- und den nachfolgenden Zinssenkungszyklen immer einige Zeit voraus. Dies konnte man in den vergangen Jahren erneut sehr gut beobachten.

Es gilt aktuell derselbe Tenor wie in vielen Phasen der Wirtschaftsgeschichte: Prognosen sind schwierig. Erst recht, wenn sie die Zukunft betreffen. Mir ist natürlich bewusst, dass eine befriedigende Antwort sieht anders aus. Daher kann ich ihnen nur einen allgemeingültigen Rat an die Hand geben: Die Preise für Edelmetalle sind aktuell auf hohem Niveau und sicherlich nicht als extrem günstig einzuordnen. Wenn ihre physischen Bestände sich unterhalb von fünf Prozent ihres Vermögens befinden, so stocken sie nach und nach in kleinen Tranchen ihr Portfolio auf. Sollten sie bereits größere Anteile an Edelmetallen allen voran Gold im Portfolio haben, so drängt sich im Jahr 2024/2025 sicherlich kein allzu großer Ausbau der Positionen auf. Eine verhaltene bullische Haltung scheint angemessen.

**<u>Gold:</u>**

Wie im Kapitel zur Preisentwicklung des Goldpreises spielt die Realinflation die zentrale Rolle schlecht hin für den Goldpreis. Der Realzins bildet die Differenz zwischen den Leitzinsen und der Inflationsrate ab. Ein negatives Realzinsniveau ist mit Abstand der stärkste Preistreiber beim Gold. Dies war im Jahr 2022 durch die massiv gestiegene Verbraucherpreisinflation deutlich der Fall und hat sich 2023 in geringerem Ausmaß fortgesetzt. Die erwarteten Zinssenkungen in den USA dürften für Aufwind beim Gold sorgen, wobei ein Zusammenbrechen der Inflation wiederum zu positiven Realzinsen führt. Es bleibt ein spannendes Rennen zwischen sinkender Inflation und sinkenden Zinsen. Infolgedessen wird sich im Ergebnis des Realzinses zeigen wie es mit dem Goldpreis weiter geht.

In Europa dürften die Zinsen ebenfalls weiter fallen, jedoch in deutlich schnellem Tempo als in den USA. Die Verschuldung der Südeuropäer macht dies schlichtweg notwendig. Hinzu kommt eine extrem schwache Wirtschaft in Europa, die zu weiteren Zinssenkungen 2024/2025 führen wird. Das hohe Überraschungspotential schnellerer Zinssenkungen der EZB bedeutet für den Euro ein hohes Abwärtspotential sowie gute Chancen auf negative Realzinsen in der Eurozone, da die Inflation in der EU deutlich klebriger erscheint wie im Rest der Welt und durch die extrem gestiegenen Löhne nach wie vor gefährlich bleibt. Vor allem aus Europa gibt es jede Menge Potential für positive Kursentwicklungen des Goldpreises, die den tendenziell negativen aus den USA gegenüberstehen.

Die Volksrepublik China weitet aufgrund der aktuellen enormen Probleme in Sachen Immobilienkrise und generell sehr schwacher Wirtschaft die Geldmenge massiv aus und dürfte daher weiter ein stützender Faktor bleiben.

Die Notenbanken weltweit haben in der ersten Jahreshälfte 2024 ihre Goldreserven überraschend stark aufgestockt. Dies hat den Goldpreis sichtlich massiv unterstützt und in die Höhe getrieben. Es bleibt abzuwarten wie sich die Zentralbanken dahingehend weiterhin verhalten. Faktisch ist der Goldpreis durch dieses Verhalten technisch stark Überkauft und sobald die Notenbanken ihre Käufe wieder reduzieren werden wird der Goldpreis fallen müssen. Die Frage bleibt aber allerdings wann und ob die Notenbanken ihre Käufe von Goldreserven wieder reduzieren werden. Es lässt sich schlichtweg nicht prognostizieren und erst dann erkennen, wenn der Goldpreis schon gefallen ist und die Notenbanken ihrer Quartalsbilanzen offen legen.


**<u>Silber:</u>**

Silber war wie so oft in der jüngeren Vergangenheit etwas enttäuschend was die Kursentwicklung im direkten Vergleich zu Gold angeht. Die weiterhin extreme Gold-Silber-Ratio bietet nach wie vor hohes Potential von Silber gegenüber Gold. Wobei Anleger nicht vergessen dürfen, dass die Möglichkeit besteht, dass sich die Gold-Silber-Ratio langfristig verändert hat und der historische Wert von 15 eben nicht mehr als Annahme haltbar ist.


Unabhängig davon gilt es für zukunftsorientierte Anleger Silber nicht aus den Augen zu verlieren. Neben den oben genannten aktuellen Entwicklungen für den gesamten Edelmetallmarkt kommt beim Silber noch die enorme Beschleunigung der Digitalisierung und des Wandels hin zu mehr regenerativen Energien hinzu. Wie bereits im Kapitel zu Silber erläutert wird in diesen Wachstumsbranchen Silber endlich verbraucht. Von dieser Seite her dürfte es einen deutlichen Nachfrageanstieg in den kommenden Jahren geben. Der Klimaschutz ist ein Megatrend der uns noch viele Jahre beschäftigen wird und ohne den Einsatz großer Silbermengen schlichtweg nicht zu bewältigen ist.

Kurzfristig hängt natürlich sehr viel davon ab wie tief und lange die Rezession in Europa und China wird. Oder ob eventuell sogar die USA auch in eine Rezession schlittern. Fakt ist jedoch, dass dies eher nur kurzfristig relevante Faktoren sein werden und der langfristige Bedarf an Silber wird zwangsläufig zunehmen müssen.

**Platin:**
Wie im Kapitel zu Platin erläutert benötigt man für die Herstellung von sauberem Wasserstoff Platin.
Die technische und ökologische Sinnhaftigkeit von Wasserstoff als Energieträger und Speicher in verschiedensten Bereichen war auch schon lange klar. Jedoch hat sich die Politik ab 2020 weltweit vom Wasserstoff überzeugen lassen und so war an den Börsen vorletztes Jahr dies das Thema Nummer eins, knapp vor der E-Mobilität. Enorme Summen an Fördergeldern und Subventionen werden in den kommenden Jahren in die Entwicklung und den Ausbau vom Energieträger Wasserstoff fließen. Allen voran in Europa werden hier noch viele Gelder auch als Konjunkturprogramme verteilt werden.

Der stark steigende Bedarf an Platin ausgelöst durch den Hunger nach sauberer und unabhängiger Energie, dürfte den in Zukunft nachlassenden Bedarf für Katalysatoren bei Verbrennerfahrzeugen wohl überschreiten und so für Rückenwind bei der Preisentwicklung von Platin sorgen. Bis dieser Punkt allerdings kommt, dürfte es noch ein Weilchen dauern und es ist allgemein sehr schwer abzuschätzen wann und wie stark die Entwicklungen eintreten. Schließlich ist es leider ein sehr politisch getriebenes und motiviertes Programm.

Das Thema Wasserstoff ist im Jahre 2023/2024 durch die diversen geopolitischen Krisen stark ins Hintertreffen geraten. Jedoch ist noch lange nicht gänzlich in Vergessenheit geraten. Ganz im Gegenteil. Wer seine Energieversorgung sauber und unabhängig gestalten will, der braucht eine regenerative Speichermöglichkeit. Das wird ohne Wasserstoff rein technisch nicht möglich sein und daher bieten sich hier enorme Potentiale. Jedoch darf man nicht vergessen, dass dies eine sehr langfristige Perspektive ist und es die nächsten Jahre durchaus neue technische Entwicklungen geben kann, die unter Umständen den hohen Platin Bedarf hinfällig machen.

# *Abbildungsverzeichnis*

Statista (2020): Abb. 1: Die beliebtesten Geldanlagen in Deutschland
https://de.statista.com/statistik/daten/studie/182355/umfrage/beliebteste-formen-von-geldanlagen/
Stand (20.02.2020)

Statista (2024): Abb. 2: S&P 500 Performance
https://de.statista.com/statistik/daten/studie/248553/umfrage/entwicklung-des-sundp-500-index/
Stand (24.08.2024)

Statista (2020): Abb. 3: Produktionskosten Gold
https://de.statista.com/statistik/daten/studie/246967/umfrage/entwicklung-der-produktionskosten-und-des-verkaufspreises-von-gold/
Stand (15.02.2020)

Statista (2024): Abb. 4: Anzahl der Goldbesitzer in Deutschland
https://de.statista.com/statistik/daten/studie/595691/umfrage/umfrage-in-deutschland-zum-besitz-von-gold-barren-muenzen-etf-im-haushalt/
Stand (29.08.2024)

Statista (2022): Abb. 5 Anteil der Goldbesitzer an der Gesamtbevölkerung in Deutschland
https://de.statista.com/statistik/daten/studie/1168600/umfrage/anteil-der-goldbesitzer-an-der-gesamtbevoelkerung-in-deutschland/
Stand (04.07.2022)

Statista (2024): Abb. 6: EZB Goldreserven
https://de.statista.com/statistik/daten/studie/243702/umfrage/goldreserven-der-europaeischen-zentralbank-ezb/
Stand (29.08.2024)

Statista (2020): Abb. 7: China Goldreserven
https://www.statista.com/statistics/224818/amount-of-gold-reserves/
Stand (15.02.2020)

Statista (2020): Abb. 8: Goldpreisentwicklung
https://de.statista.com/statistik/daten/studie/246967/umfrage/entwicklung-der-produktionskosten-und-des-verkaufspreises-von-gold/
Stand (15.02.2020)

Statista (2024): Abb.9: Goldpreisentwicklung 1978-2023
https://de.statista.com/statistik/daten/studie/197670/umfrage/goldpreis-fuer-eine-feinunze-seit-2002/
Stand (29.08.2024)

Statista (2020): Abb. 10: Industrielle Verwendung von Silber in Zukunfts-technolgien
https://de.statista.com/statistik/daten/studie/586987/umfrage/silbernachfrage-ausgewaehlter-zukunftstechnologien-weltweit/
Stand (15.02.2020)


Statista (2020): Abb.11: Silberpreisentwicklung
https://de.statista.com/statistik/daten/studie/432932/umfrage/durchschnittlicher-preis-fuer-silber-weltweit/
Stand (29.08.2024)

Statista (2020): Abb. 12 Gold- und Silberbesitz in Deutschland
https://de.statista.com/statistik/daten/studie/197849/umfrage/vergleich-des-werts-des-gold-und-silberbesitzes-von-privatpersonen/
Stand (20.02.2020)

Statista (2020): Abb. 13: Platinreserven
https://de.statista.com/statistik/daten/studie/193948/umfrage/produktion-von-silber-weltweit-nach-laendern/
Stand (20.02.2020)

Statista (2020): Abb. 14: Industrielle Verwendung von Platin
https://www.statista.com/statistics/693866/platinum-consumption-worldwide-by-industry/
Stand (20.02.2020)

Statista (2020): Abb. 15 Preisentwicklung von Platin
https://de.statista.com/statistik/daten/studie/432929/umfrage/durchschnittlicher-preis-fuer-platin-weltweit/
Stand (20.02.2020)


Statista (2020): Abb. 16 Industrielle Verwendung von Palladium
https://www.statista.com/statistics/693767/palladium-global-consumption-by-industry/
Stand (20.02.2020)



Statista (2020): Abb. 17 Preisentwicklung von Palladium
https://de.statista.com/statistik/daten/studie/1084947/umfrage/durchschnittlicher-preis-fuer-palladium-weltweit/
Stand (29.08.2024)

**Impressum**

Investieren in Edelmetalle: Gold und Silber kaufen zum Vermögensaufbau (4. Auflage 2024)

Autor: Christopher Birnbacher
Korrektorat: Privat
Cover: Canva




Verlag: BoD • Books on Demand GmbH, In de Tarpen 42, 22848 Norderstedt
Druck: Libri Plureos GmbH, Friedensallee 273, 22763 Hamburg
ISBN: 978-3-7597-9332-4

FSC
www.fsc.org
MIX
Papier aus ver-
antwortungsvollen
Quellen
Paper from
responsible sources
FSC® C105338